Contro queste cose non c'è legge

Il frutto dello Spirito

Contro queste cose non c'è legge

Dott. Jaerock Lee

Contro queste cose non c'è legge del **Dott.** Jaerock Lee
Pubblicato da Urim Books (Rappresentato da Sungnam Vin)
73, Yeouidaebang-ro 22-gil, Dongjak-gu, Seoul, Corea
www.urimbooks.com

Tutti i diritti riservati. Questo libro – o parti di esso – non può essere riprodotto in alcuna forma, memorizzata in un sistema di recupero o trasmessa in qualsiasi forma o con qualsiasi mezzo, elettronico, meccanico, fotocopiatura, registrazione o altro, senza previa autorizzazione scritta dell'editore.

Salvo diversa indicazione, tutte le citazioni sono tratte dalla Bibbia Sacra Scrittura, Copyright ©, La Nuova Riveduta sui testi originali (1994, edizione del 2006), a cura della Società Biblica di Ginevra. Usate con permesso.

Copyright © 2020 Dott. Jaerock Lee
ISBN: 979-11-263-0558-2 03230
Copyright Traduzione © 2016 Dott. Esther K. Chung usato con permesso.

Precedentemente pubblicato in coreano da Urim Books nel 2009

Data prima pubblicazione febbraio 2020

Tidigare utgiven på koreanska 2009 av Urim Books, Seoul, Korea

A cura del Dott. Geumsun Vin
Progettato dal Bureau Editoriale di Urim Books
Stampato presso Printing Company – Yewon
Per maggiori informazioni contattare: urimbook@hotmail.com

"Il frutto dello Spirito invece è amore, gioia, pace, pazienza, benevolenza, bontà, fedeltà, mansuetudine, autocontrollo; contro queste cose non c'è legge".

Galati 5:22-23

Prefazione

I cristiani guadagnano la vera libertà
in quanto portano i frutti dello Spirito Santo,
contro i quali non c'è legge.

.

Ognuno segue norme e regolamenti nelle proprie determinate circostanze. Se sentono tali leggi come catene che li legano, si sentiranno oppressi ed infelici. E proprio perché si sentono oppressi, se perseguono dissipazione e disordine, non vivranno in libertà. Dopo essersi abbandonati a queste cose, saranno lasciati soli con il sentimento di vanità, e alla fine li attenderà solo la morte eterna.

La vera libertà è quando ci si è liberati dalla morte eterna, da tutte le lacrime, dal dolore e dalle pene. Libertà significa anche poter controllare la natura originaria che ci dà queste cose e ottenere il potere di sottometterle. Il Dio d'amore non vuole che soffriamo in alcun modo, e per questo ha inciso nella Bibbia i modi per godersi la vita eterna e la vera libertà.

I criminali o coloro che hanno violato la legge del loro paese, si agitano se incontrano un agente di polizia, ma quelli che rispettano la legge, non hanno la necessità di sentirsi in quel modo, anzi possono sempre chiedere aiuto alla polizia, e si sentono più sicuri se si trovano accanto alle forze dell'ordine.

Allo stesso modo, coloro che vivono nella verità non temono nulla e godono la vera libertà, perché capiscono che la legge di Dio è la strada per le benedizioni. Essi possono godere della libertà come le balene che nuotano nell'oceano e le aquile che volano nel cielo.

La legge di Dio può in gran parte essere classificata in quattro cose. Essa ci dice cosa fare, cosa non fare, cosa tenere e cosa gettare via. Col passare dei giorni, il mondo si è sempre più macchiato dai peccati e dal male, e per questo motivo sempre più persone sentono come un peso gravoso l'osservare la legge di Dio, e quindi non lo fanno. Il popolo di Israele durante l'era dell'Antico Testamento ha sofferto molto quando non ha osservato la legge di Mosè.

Così Dio mandò Gesù su questa terra e dichiarò tutti liberi dalla maledizione della legge. Gesù che era senza peccato, è morto sulla croce, e chiunque crede in Lui può essere salvato mediante la fede. Quando le persone ricevono il dono dello Spirito Santo, accettando Gesù Cristo, diventano figli di Dio e possono portare i frutti dello Spirito Santo, con la sua guida.

Quando lo Spirito Santo viene nel nostro cuore, ci aiuta a capire le cose profonde di Dio e vivere della Parola di Dio. Per esempio, quando c'è qualcuno che non possiamo davvero perdonare Egli ci ricorda il perdono e l'amore del Signore e ci aiuta a perdonare quella persona. A quel punto, siamo in grado di gettare rapidamente via il male dal nostro cuore e sostituirlo con bontà e amore. In questo modo, se portiamo i frutti dello Spirito Santo attraverso la sua guida, noi non solo godremo della libertà nella verità, ma riceveremo anche un amore traboccante e la benedizione di Dio.

Attraverso il frutto dello Spirito, possiamo controllare noi stessi su quanto siamo santificati e quanto siamo vicini al trono di Dio, su quanto abbiamo coltivato il cuore del Signore che è il nostro sposo. Più frutti dello Spirito portiamo, più brillante e più bella sarà la dimora celeste in cui entreremo. Al fine di arrivare alla

Nuova Gerusalemme in cielo, dobbiamo portare tutti i frutti, completamente e splendidamente, non solo alcuni di essi.

Questo lavoro *"Contro queste cose non c'è legge"* permette di capire facilmente i significati spirituali dei nove frutti dello Spirito Santo con esempi specifici. Insieme all'Amore spirituale nella 1 lettera ai Corinzi 13, ed alle Beatitudini in Matteo 5, i frutti dello Spirito Santo sono un cartello che ci guida alla corretta fede e ci guideranno fino a raggiungere la destinazione finale della nostra fede, la Nuova Gerusalemme.

Ringrazio Geumsun Vin, il direttore dell'ufficio editoriale e il personale, e prego, nel nome del Signore, che portiate velocemente i nove frutti dello Spirito Santo attraverso questo libro, in modo che possiate godere della vera libertà e diventare cittadini della Nuova Gerusalemme.

Jaerock Lee

Introduzione

Un segnaposto nel nostro cammino di fede verso la Nuova Gerusalemme in Cielo

Nel mondo di oggi, ognuno di noi è occupato. Si lavora e si fatica per possedere e godere di quante più cose possibili. Eppure alcune persone hanno ancora qualche personale obiettivo nella vita, nonostante le attuali tendenze del mondo; ma anche queste persone di volta in volta potrebbero chiedersi se stanno davvero vivendo una vita propria e potrebbero, in quel momento, guardare indietro, alla loro vita passata. Anche nel nostro cammino di fede, possiamo avere una crescita rapida e prendere la scorciatoia per il regno dei cieli, quando controlliamo noi stessi alla luce della Parola di Dio.

Il Capitolo 1, "Portare i frutti dello Spirito", parla dello Spirito Santo che fa rivivere lo spirito che è morto a causa del peccato di Adamo. Esso ci dice che possiamo abbondantemente portare i frutti dello Spirito Santo quando seguiamo i suoi desideri.

Il Capitolo 2 "Amore", ci spiega cosa è il primo frutto dello Spirito. Ci mostra anche alcune forme corrotte dell'amore dalla caduta di Adamo, e ci dà gli strumenti per coltivare l'amore, che è gradito a Dio.

Il Capitolo 3, "Gioia", ci dice che la gioia è il criterio principale con il quale possiamo controllare se la nostra è una vera e propria fede e spiega il motivo per cui abbiamo perso la gioia del primo amore. Ci informa dei tre modi per portare il frutto della gioia, con cui possiamo gioire ed esultare in ogni circostanza e situazione.

Il Capitolo 4 "Pace" afferma che per avere la pace di Dio è importante abbattere i muri del peccato, e che dobbiamo mantenere la pace con noi stessi, così come con tutti. Inoltre, ci consente di capire l'importanza di usare parole di bontà e di pensare dal punto di vista degli altri durante il processo di costruzione della pace.

Il Capitolo 5 "Pazienza", spiega che la vera pazienza non è solo reprimere il rancore, ma significa anche essere paziente con un buon cuore libero dal male, e che otterremo grandi benedizioni quando avremo la vera pace. Si analizzano anche i tre tipi di pazienza: la pazienza per cambiare il proprio cuore; la pazienza con le persone; la pazienza nei confronti di Dio.

Il Capitolo 6 "Mansuetudine" ci insegna che tipo di persona possiede la mansuetudine con l'esempio del Signore. Con uno sguardo alle caratteristiche di bontà, ci mostra anche le differenze dall' "amore". Infine, ci mostra un modo per ricevere l'amore e le benedizioni di Dio.

Il Capitolo 7 "Bontà" ci racconta del cuore di bontà con l'esempio del Signore, che non litiga e non grida, né spezza una canna rotta né spegne il lucignolo fumante. Inoltre differenzia la bontà dagli altri frutti, in modo tale da permetterci di portare il frutto della bontà e sprigionare il profumo di Cristo.

Il Capitolo 8 "Fedeltà" ci insegna i tipi di benedizioni che riceviamo quando siamo fedeli alla casa di Dio. Con gli esempi di Mosè e Giuseppe, ci fa capire che tipo di persone hanno portato il frutto della fedeltà.

Il Capitolo 9 "Dolcezza", spiega il significato di dolcezza al cospetto di Dio e descrive le caratteristiche di coloro che portano il frutto della mansuetudine. Ci illustra i quattro ambiti per quanto riguarda ciò che dobbiamo fare per portare il frutto della dolcezza.

Il Capitolo 10 "Autocontrollo" spiega il motivo per cui l'autocontrollo è chiamato l'ultimo frutto tra i nove dello Spirito Santo, nonché la sua importanza. Il frutto dell'autocontrollo è una cosa indispensabile, che esercita il controllo su tutti gli altri otto frutti dello Spirito Santo.

Il Capitolo 11, "Contro queste cose non c'è legge" è la conclusione di questo libro, che ci aiuta a capire l'importanza di seguire lo Spirito Santo, e auspica che tutti i lettori diventino presto uomini di spirito integro con l'aiuto dello Spirito Santo.

Non possiamo affermare di avere una grande fede solo perché siamo credenti da lungo tempo o solo perché abbiamo una vasta conoscenza della Bibbia. La misura della fede si discerne nella misura in cui abbiamo cambiato il nostro cuore in un cuore di verità, e di quanto abbiamo coltivato il cuore del Signore.

Mi auguro che tutti i lettori siano in grado di controllare la loro fede e possano portare abbondantemente i nove frutti dello Spirito Santo, con la Sua guida.

Geumsun Vin,
Direttore dell'Ufficio Editoriale

INDICE
Contro queste cose non c'è legge

Prefazione · vii

Introduzione · xi

Capitolo 1
Portare i frutti dello Spirito — 1

Capitolo 2
Amore — 13

Capitolo 3
Gioia — 29

Capitolo 4
Pace — 49

Capitolo 5
Pazienza — 69

Capitolo 6
Mansuetudine   89

Capitolo 7
Bontà   107

Capitolo 8
Fedeltà   125

Capitolo 9
Dolcezza   143

Capitolo 10
Autocontrollo   167

Capitolo 11
Contro queste cose non c'è legge   183

Galati 5:16-21

"Io dico: camminate secondo lo Spirito e non adempirete affatto i desideri della carne. Perché la carne ha desideri contrari allo Spirito e lo Spirito ha desideri contrari alla carne; sono cose opposte tra di loro, in modo che non potete fare quello che vorreste. Ma se siete guidati dallo Spirito, non siete sotto la legge. Ora le opere della carne sono manifeste, e sono: fornicazione, impurità, dissolutezza, idolatria, stregoneria, inimicizie, discordia, gelosia, ire, contese, divisioni, sette, invidie, ubriachezza, orge e altre simili cose; circa le quali, come vi ho già detto, vi preavviso: chi fa tali cose non erediterà il regno di Dio".

Capitolo 1

Portare i frutti dello Spirito

Lo Spirito Santo fa rivivere lo spirito dell'uomo
Portare i frutti dello Spirito
I desideri dello Spirito Santo ed i desideri della carne
Non perdiamo il cuore nel fare il bene

Portare i frutti dello Spirito

Se guidiamo lungo una strada senza traffico, proviamo una sensazione di tranquillità, ma se la percorriamo per la prima volta, dovremmo prestare molta più attenzione. Cosa succede se in macchina abbiamo un sistema di navigazione GPS? Le informazioni dettagliate ci aiutano ad avere una guida corretta per raggiungere la nostra destinazione senza perderci.

Il nostro viaggio di fede sulla strada che ci conduce nel regno dei cieli è molto simile. Per coloro che credono in Dio e vivono con la sua Parola, lo Spirito Santo li protegge e li guida in anticipo, in modo che possano evitare la maggior parte degli ostacoli e delle difficoltà della vita. Lo Spirito Santo ci guida lungo la via più breve e più semplice per raggiungere la nostra destinazione, il regno dei cieli.

Lo Spirito Santo fa rivivere lo spirito dell'uomo

Il primo uomo, Adamo, era uno spirito vivente quando Dio lo formò e soffiò nelle sue narici un alito di vita. L'"Alito della vita" è il "potere contenuto nella luce originale" ed è stato tramandato ai discendenti di Adamo mentre vivevano nel Giardino dell'Eden.

Tuttavia, quando Adamo ed Eva commisero il peccato di disobbedienza e conseguentemente furono cacciati su questa terra, le cose non furono più le stesse. Dio tolse la maggior parte del respiro della vita da Adamo ed Eva, lasciandone solo una traccia, il "seme della vita", che però non può essere tramandato da Adamo ed Eva ai loro figli.

Così, al sesto mese di gravidanza, Dio mette il seme della vita nello spirito del bambino e lo pianta nel nucleo di una cellula che è nel cuore, che è la parte centrale di un essere umano. Nel caso di coloro che non hanno accettato Gesù Cristo, il seme della vita rimane inattivo, proprio come un seme che è coperto da un guscio duro. Usiamo dire in questo caso che lo spirito è morto, mentre il seme della vita è inattivo. Fino a quando lo spirito rimane tale, non si può né ottenere la vita eterna né andare nel regno dei cieli.

Dal momento della caduta di Adamo, tutti gli esseri umani sono stati destinati a morire, e per ottenere di nuovo la vita eterna, devono essere perdonati dei loro peccati, che è la causa originaria della morte, e il loro spirito morto devono essere rianimato. Per questo il Dio d'amore ha mandato il suo unigenito Figlio Gesù su questa terra come propiziazione, aprendo la via della salvezza. Vale a dire, Gesù prese su di sé tutti i peccati di tutto il genere umano ed è morto sulla croce per far rivivere il nostro spirito morto. Divenne la via, la verità e la vita per tutte le persone per ottenere la vita eterna.

Pertanto, quando accettiamo Gesù Cristo come nostro personale Salvatore, i nostri peccati sono perdonati; noi diventiamo figli di Dio e riceviamo il dono dello Spirito Santo. Con la forza dello Spirito Santo, il seme della vita, che è rimasto dormiente perché coperto da un guscio duro, si sveglia e diventa attivo. Questo accade quando lo spirito morto è rianimato. A proposito di questo, Giovanni 3:6 dice: *"quello che è nato dallo Spirito è spirito"*. Un seme che è germogliato può crescere solo quando viene alimentato con acqua e sole. Allo stesso modo, il seme della vita deve essere alimentato con acqua spirituale e luce, in modo che possa crescere dopo essere germogliato. Vale a dire, al fine di rendere possibile la crescita del nostro spirito, dobbiamo imparare la Parola di Dio, che è l'acqua spirituale, e dobbiamo agire con la Parola di Dio, che è luce spirituale.

Lo Spirito Santo che è venuto nei nostri cuori ci mostra il peccato, la giustizia ed il giudizio. Ci aiuta a liberarci dai peccati e dalle illegalità per vivere nella giustizia. Egli ci dà la forza di poter pensare, parlare e agire nella verità. Ci aiuta anche a condurre una vita di fede, con la fede e la speranza per il regno dei cieli, tale che il nostro spirito possa crescere nel migliore dei modi. Lasciate che faccia un esempio per una migliore comprensione.

Supponiamo ci sia un bambino, cresciuto in una famiglia felice. Un giorno si avvicina a una montagna e guardando il paesaggio, grida: "Yahoo!" e poi, qualcuno gli risponde esattamente nello stesso modo dicendo: "Yahoo!" Sorpreso, il ragazzo chiede: "Chi sei?" e l'altro ripete dopo di lui le stesse parole. Il ragazzo è arrabbiato con quella persona che lo imita, e dice: "Stai cercando di litigare con me?" E le stesse parole vengono rivolte a lui. All'improvviso avverte che qualcuno lo sta scrutando e si spaventa.

Scende rapidamente dalla montagna e racconta quanto gli è accaduto alla mamma, dicendo: "Mamma, c'è davvero un uomo cattivo sulla montagna". Ma la sua mamma, con un sorriso gentile, gli dice: "Penso che il ragazzo sulla montagna sia un bravo ragazzo, che potrebbe essere tuo amico. Perché domani non ritorni di nuovo lì e provi a dirgli che ti dispiace?" La mattina seguente il ragazzo salì in cima alla montagna di nuovo e gridò a gran voce: "Mi dispiace per ieri! Perché non diventi mio amico?" In risposta gli arrivò la stessa richiesta.

La madre lasciò che il suo giovane figlio capisse da solo cosa fosse successo. E lo Spirito Santo ci aiuta nel nostro cammino di fede, come farebbe una madre dolce.

Portare i frutti dello Spirito

Quando un seme viene piantato, germoglia, cresce e fiorisce, e dopo la fioritura arriva il risultato, che è il frutto. Allo stesso modo, quando il seme della vita in noi, che è piantato da Dio, sboccia attraverso lo Spirito Santo, cresce e porta i suoi frutti. Tuttavia, non tutti quelli che hanno ricevuto lo Spirito Santo portano i suoi frutti. Saremo in grado di portarne i frutti solo quando seguiremo la sua guida.

Lo Spirito Santo può essere paragonato ad un generatore di corrente. L'elettricità viene generata quando funziona, e se questo generatore è collegato ad una lampadina, fornirà energia elettrica e la lampadina brillerà di luce. Quando c'è una luce, il buio se ne va. Allo stesso modo, quando lo Spirito Santo opera in noi, il buio che abbiamo dentro andrà via, perché la luce viene nel nostro cuore, e quindi saremo in grado di portare i frutti dello Spirito Santo.

A proposito, c'è una cosa importante da aggiungere. Per far si che la lampadina brilli di luce, il solo collegarla al generatore non basterà. Qualcuno deve far funzionare il generatore. Dio ci ha dato il generatore che è lo Spirito Santo, ed è a noi che tocca farlo funzionare.

Per far funzionare il generatore dello Spirito Santo, dobbiamo stare in allerta e pregare con fervore. Dobbiamo anche rispettare la sua guida per seguire la verità. Quando seguiamo la guida e la spinta dello Spirito Santo, diciamo che stiamo seguendo i suoi desideri. Saremo pieni di Spirito Santo quando avremo diligentemente seguito i suoi desideri, e in tal modo, i nostri cuori saranno cambiati con la verità. Porteremo i frutti dello Spirito Santo, dal momento in cui otterremo la sua pienezza.

Quando libereremo il nostro cuore da ogni natura peccaminosa, coltiveremo un cuore spirituale, e, con l'aiuto dello Spirito Santo, i suoi frutti cominceranno a mostrare le prime forme. Ma proprio come la velocità di maturazione e le dimensioni dei chicchi d'uva appartenenti allo stesso grappolo sono diversi, anche alcuni frutti dello Spirito Santo possono essere maturi, mentre altri non lo sono ancora. Si potrebbe portare il frutto dell'amore con abbondanza mentre quello dell'autocontrollo non è ancora maturo, oppure avere quello della fedeltà, mentre quello della dolcezza ancora non lo abbiamo.

Tuttavia, col passare del tempo, ogni chicco d'uva sarà completamente maturo, e l'intero grappolo sarà pieno di grandi chicchi viola scuro. Allo stesso modo, se portiamo tutti i frutti dello Spirito Santo completamente, significa che siamo diventati uomini interamente di spirito, e Dio desidera averne molti. Queste persone potranno donare il profumo di Cristo in ogni aspetto della loro vita. Essi sentiranno chiaramente la voce dello Spirito Santo e manifesteranno la sua potenza per dare gloria a Dio e dal momento che assomiglieranno completamente a Dio, saranno in possesso dei requisiti per entrare nella Nuova Gerusalemme, dove si trova il trono di Dio.

I desideri dello Spirito Santo ed i desideri della carne

Quando cerchiamo di seguire la volontà dello Spirito Santo, vi è un altro tipo di desiderio che ci ostacola: il desiderio della carne. I desideri della carne seguono le menzogne, che sono in opposizione alla Parola di Dio. Ci fanno distrarre con cose come la concupiscenza della carne, la concupiscenza degli occhi e la superbia della vita vanagloriosa. Ci fanno commettere peccati e praticare ingiustizia e illegalità.

Recentemente, un uomo è venuto da me chiedendomi di pregare per lui, affinché smettesse di guardare materiale osceno. Mi ha detto che quando ha iniziato a guardare queste cose, non era per provare piacere fisico, ma per capire come queste cose potessero influenzare le persone. Dopo averle viste una volta, nella sua mente erano costantemente presenti quelle scene, ed in lui vi era il desiderio di rivederle. Ma nel suo animo, lo Spirito Santo lo esortava a non farlo, e questo lo faceva sentire turbato.

In questo caso, il suo cuore era agitato attraverso la concupiscenza degli occhi, vale a dire le cose che aveva visto e sentito attraverso i suoi occhi e le sue orecchie. Se non ci liberiamo della concupiscenza della carne, ma continuiamo ad accettarla, ben presto queste cose non veritiere diventeranno due, tre e quattro, e il numero continuerà ad aumentare.

Per questo motivo Galati 5:16-18 dice: *"Io dico: camminate secondo lo Spirito e non adempirete affatto i desideri della carne. Perché la carne ha desideri contrari allo Spirito e lo Spirito ha desideri contrari alla carne; sono cose opposte tra di loro, in modo che non potete fare quello che vorreste. Ma se siete guidati dallo Spirito, non siete sotto la legge"*.

Da un lato, quando seguiamo i desideri dello Spirito Santo, abbiamo la pace nel nostro cuore e siamo felici perché lo Spirito

Santo gioisce. D'altra parte, se seguiamo i desideri della carne, i nostri cuori sono turbati perché lo Spirito Santo si lamenta in noi. Inoltre, perdiamo la pienezza dello Spirito, per cui diventerà sempre più difficile seguirne i desideri.

Paolo ha parlato di questo in Romani 7:22-24 dove leggiamo, *"Infatti io mi compiaccio della legge di Dio, secondo l'uomo interiore, ma vedo un'altra legge nelle mie membra, che combatte contro la legge della mia mente e mi rende prigioniero della legge del peccato che è nelle mie membra. Me infelice! Chi mi libererà da questo corpo di morte?"* A seconda se seguiamo i desideri dello Spirito Santo o quelli della carne, possiamo diventare figli di Dio che si salvano o figli delle tenebre che prendono la via della morte.

Galati 6:8 dice: *"Perché chi semina per la sua carne, mieterà corruzione dalla carne; ma chi semina per lo Spirito mieterà dallo Spirito vita eterna"*. Se seguiamo i desideri della carne, sarà solo per commettere opere della carne, che sono peccati e illegalità, e alla fine non entreremo nel regno dei cieli (Galati 5:19-21), ma se seguiamo i desideri dello Spirito Santo, porteremo i nove frutti dello Spirito Santo (Galati 5:22-23).

Non perdiamo il cuore nel fare il bene

Noi portiamo il frutto dello Spirito e diventiamo veri figli di Dio nella misura in cui agiamo con la fede, seguendo lo Spirito Santo. Nel cuore degli uomini, tuttavia, ci sono il cuore della verità e quello della falsità. Il cuore della verità ci porta a seguire i desideri dello Spirito Santo e vivere secondo la Parola di Dio. Il cuore di menzogna ci fa seguire i desideri della carne e vivere nelle tenebre.

Ad esempio, la santificazione del giorno del Signore è uno dei dieci comandamenti che i figli di Dio devono rispettare. Ma un credente che possiede un'attività commerciale ed ha una fede debole, potrebbe avere un conflitto nel suo cuore pensando al profitto che perderà, se chiude il suo negozio la domenica. Qui, i desideri della carne lo avrebbero indotto a pensare: "che ne dici di chiudere il negozio ogni due settimane? Oppure, e se frequento il servizio la domenica mattina e mia moglie quello serale, facendo i turni in negozio?" Ma i desideri dello Spirito Santo lo avrebbero aiutato ad obbedire alla Parola di Dio, dandogli una rivelazione del tipo: "Se rispetto il Giorno Santo del Signore, Dio mi darà più profitto di quello che avrei se aprissi il negozio di domenica".

Lo Spirito Santo viene in aiuto alla nostra debolezza e intercede egli stesso per noi con sospiri ineffabili (Romani 8:26). Quando pratichiamo la verità seguendo l'aiuto dello Spirito Santo, avremo la pace nel nostro cuore, e la nostra fede crescerà giorno dopo giorno.

La Parola di Dio scritta nella Bibbia è la verità che non cambia mai, è la bontà stessa. Dà la vita eterna ai figli di Dio, ed è la luce che li guida a godere della felicità e gioia eterna. I figli di Dio che sono guidati dallo Spirito Santo devono crocifiggere la carne insieme alla loro passione e al desiderio. Essi dovrebbero anche seguire i desideri dello Spirito Santo secondo la Parola di Dio e non perdersi d'animo nel fare del bene.

Matteo 12:35 dice: *"L'uomo buono dal suo buon tesoro trae cose buone; e l'uomo malvagio dal suo malvagio tesoro trae cose malvagie"*. Quindi, dobbiamo liberare il nostro cuore dal male, pregando con fervore continuando ad accumulare opere buone.

E Galati 5:13-15 dice: *"Perché, fratelli, voi siete stati chiamati a libertà; soltanto non fate della libertà un'occasione per vivere secondo la carne, ma per mezzo dell'amore servite gli uni agli altri; poiché tutta la legge è adempiuta in quest'unica parola: 'Ama il tuo prossimo come te stesso'. Ma se vi mordete e divorate gli uni gli altri, guardate di non essere consumati gli uni dagli altri"*. Inoltre in Galati 6:1-2 leggiamo: *"Fratelli, se uno viene sorpreso in colpa, voi, che siete spirituali, rialzatelo con spirito di mansuetudine. Bada bene a te stesso, che anche tu non sia tentato. Portate i pesi gli uni degli altri e adempirete così la legge di Cristo"*.

Quando seguiamo queste parole di Dio, come descritto sopra, possiamo portare i frutti dello Spirito in abbondanza e diventare uomini dello spirito e totalmente spirito. Quindi riceveremo tutto quello che chiediamo nella preghiera ed entreremo nella Nuova Gerusalemme nel regno eterno del cielo.

1 Giovanni 4:7-8

"Carissimi, amiamoci gli uni gli altri,

perché l'amore è da Dio e chiunque ama è nato da Dio e conosce Dio.

Chi non ama non ha conosciuto Dio, perché Dio è amore".

Contro queste cose non c'è legge

Capitolo 2

Amore

Il più alto livello di amore spirituale
L'amore carnale cambia nel tempo
L'amore spirituale si dona completamente
Il vero amore rivolto a Dio
Al fine di portare il frutto dell'amore

Amore

L'amore è più potente di quanto la gente possa immaginare. Con la forza dell'amore, siamo in grado di salvare quelli che sono altrimenti abbandonati da Dio e diretti sulla via della morte. L'amore può dare loro nuova forza e incoraggiamento. Se copriamo i difetti degli altri con la forza dell'amore, avverranno cambiamenti incredibili e saranno date grandi benedizioni, perché Dio opera tra bontà, amore, verità e giustizia.

Un gruppo di ricerca di sociologia condusse uno studio su 200 studenti che vivevano in una zona povera della città di Baltimora. Il team concluse che questi studenti avrebbero avuto poche possibilità e poca speranza di successo. 25 anni dopo, fu condotta una nuova ricerca sugli stessi studenti, ed il risultato fu sorprendente: 176 dei 200 studenti divennero individui socialmente di successo, come avvocati, medici, predicatori ed uomini d'affari. Naturalmente i ricercatori hanno chiesto loro come sono stati in grado di superare l'ambiente così sfavorevole in cui vivevano, e tutti hanno menzionato il nome di un particolare insegnante. A questo insegnante è stato chiesto come avesse potuto egli portare in questi ragazzi un tale ed incredibile cambiamento, ed egli ha risposto: "Li ho solo amati, e loro lo sapevano".

Ora, che cosa è l'amore, il primo dei nove frutti dello Spirito Santo?

Il più alto livello di amore spirituale

In generale l'amore può essere classificato in amore carnale e amore spirituale. L'amore carnale cerca il proprio beneficio. È amore insignificante che cambierà con il passare del tempo. L'amore spirituale, invece, cerca il bene degli altri e non cambia mai, in qualsiasi situazione. 1 Corinzi 13 spiega questo amore spirituale in dettaglio.

> *"L'amore è paziente, è benevolo; l'amore non invidia; l'amore non si vanta, non si gonfia, non si comporta in modo sconveniente, non cerca il proprio interesse, non s'inasprisce, non addebita il male, non gode dell'ingiustizia, ma gioisce con la verità; soffre ogni cosa, crede ogni cosa, spera ogni cosa, sopporta ogni cosa"* (vv. 4-7).

E quindi, in cosa differiscono il frutto dell'amore in Galati 5 e l'amore spirituale in 1 Corinzi 13? L'amore inteso come frutto dello Spirito Santo comprende l'amore sacrificale con cui si può dare la propria vita. È l'amore ad un livello superiore rispetto all'amore descritto in 1 Corinzi 13. È il più alto livello di amore spirituale.

Se portiamo il frutto dell'amore e siamo in grado di sacrificare la nostra vita per gli altri, allora possiamo amare ogni cosa ed ognuno. Dio ci ha amato sopra ogni cosa e con tutta la sua vita. Se abbiamo questo amore in noi, siamo in grado di sacrificare la nostra vita per Dio, il suo regno, e la Sua giustizia. Inoltre, poiché amiamo Dio, possiamo anche avere il più alto livello di amore, tale da dare la nostra vita, non solo per gli altri fratelli, ma anche per i nemici che ci odiano.

1 Giovanni 4:20-21 dice: *"Se uno dice: 'Io amo Dio', ma*

odia suo fratello, è bugiardo; perché chi non ama suo fratello che ha visto, non può amare Dio che non ha visto. Questo è il comandamento che abbiamo ricevuto da lui: che chi ama Dio ami anche suo fratello". Così, se amiamo Dio, ameremo tutti. Se diciamo di amare Dio e odiamo qualcuno, allora è una bugia.

L'amore carnale cambia nel tempo

Quando Dio creò il primo uomo, Adamo, lo amò con amore spirituale. Fece un bel giardino a oriente, nell'Eden e lo fece vivere lì senza fargli mancare nulla. Dio camminava con lui. Dio gli ha dato non solo il Giardino dell'Eden, che era un ottimo posto per vivere, ma anche il potere di sottomettere e governare su ogni cosa su questa terra.

Dio diede ad Adamo amore spirituale traboccante. Ma Adamo non poteva davvero sentire l'amore di Dio, perché non aveva mai sperimentato l'odio o l'amore carnale che cambia, e così non si rese conto di quanto prezioso era l'amore di Dio. Dopo tanto, tanto tempo, Adamo fu tentato dal serpente e disobbedì alla Parola di Dio. Mangiò il frutto che Dio aveva proibito (Genesi 2:17; 3:1-6).

La conseguenza fu che il peccato entrò nel cuore di Adamo, che divenne un uomo di carne che non poteva più comunicare con Dio. Dio non poteva più lasciarlo vivere nel Giardino dell'Eden e fu cacciato su questa terra. Durante la coltivazione umana (Genesi 3:23), tutti gli esseri umani, che sono discendenti di Adamo, sono venuti a conoscenza della relatività, provando cose opposte all'amore conosciuto nell'Eden, come l'odio, l'invidia, il dolore, la pena, la malattia e le ferite. Nel frattempo iniziarono ad allontanarsi sempre più dall'amore spirituale. Poiché i loro cuori si erano corrotti in cuori carnali a causa dei peccati, il loro amore divenne un amore carnale.

Tanto tempo è passato da quando è avvenuta la caduta di Adamo, e oggi è ancora più difficile trovare l'amore spirituale in questo mondo. Le persone esprimono il loro amore in vari modi, ma il loro amore è soltanto carnale che cambia nel tempo. Come il tempo passa e le situazioni e le condizioni cambiano, essi cambiano la loro mente e tradiscono i loro cari a solo vantaggio del proprio beneficio. Danno solo quando gli altri danno prima di loro o quando il dare gli porta benefici. Se si desidera ricevere indietro tanto quanto si è dato, o se si ottengono solo delusioni se gli altri non ricambiano con ciò che si desidera o si aspetta, anche questo è amore carnale.

Quando un uomo e una donna si frequentano, è facile sentirli pronunciare frasi del tipo "ci ameremo per sempre" e che "non possiamo vivere l'uno senza l'altra". Tuttavia, in molti casi, dopo il matrimonio cambiano idea. Col passare del tempo, si cominciano a notare cose dell'altro coniuge che non piacciono. Nei primi tempi, tutto appariva bello e si cercava di compiacere l'altro in tutto, ma questo non lo si riesce più a farlo. Ci si imbroncia e ci si da filo da torcere a vicenda, arrivando anche ad arrabbiarsi se il coniuge non fa quello che si vuole. Solo un paio di decenni fa, il divorzio era un evento raro, mentre oggi ci si arriva con estrema facilità; qualcuno poi si risposa con un'altra persona. Eppure, ogni volta questi dicono di amare l'altra persona seriamente. Questo è tipico dell'amore carnale.

L'amore tra genitori e figli non è molto diverso. Naturalmente, alcuni genitori darebbero anche la vita per i propri figli, ma anche se lo fanno, non è amore spirituale se tale amore è riservato solo a loro. Se abbiamo l'amore spirituale, possiamo darlo a tutti, non solo ai nostri figli. Ma mentre il mondo diventa sempre più malvagio, è una rarità trovare genitori che possono sacrificare la loro vita, anche per i propri figli. Molti genitori vivono inimicizie con i propri figli per colpa di questioni monetarie o a causa di pareri discordanti.

E l'amore tra fratelli o amici? Molti fratelli diventano nemici se coinvolti in questioni di denaro. La stessa cosa accade ancor più spesso tra amici. Si amano quando le cose vanno bene e quando sono d'accordo su qualcosa. Ma il loro amore può cambiare in qualsiasi momento se le situazioni mutano. Inoltre, nella maggior parte dei casi, le persone desiderano ricevere in cambio quanto hanno dato. Quando hanno passione, potrebbero dare senza volere nulla in cambio. Ma appena la passione si raffredda, si rammaricano del fatto che hanno dato e non hanno ricevuto indietro nulla. Vuol dire, dopo tutto, che volevano qualcosa in cambio. Questo tipo di amore è l'amore carnale.

L'amore spirituale si dona completamente

È commovente se qualcuno dà la propria vita per qualcun altro che ama. Ma, se sappiamo che lo stiamo facendo, questo rende più difficile amare proprio quella persona. Sotto questo punto di vista, l'amore dell'uomo è limitato.

Si racconta di un re che aveva un figlio bello ed amabile. Nel suo regno viveva un noto assassino che fu condannato a morte, e l'unico modo per evitare la sentenza e farlo continuare a vivere, era quello che un innocente morisse al suo posto. In questo caso, poteva questo re rinunciare a suo figlio innocente, facendolo morire al posto dell'assassino? Una cosa del genere non è mai successa in tutto il corso della storia del genere umano. Ma Dio Creatore, che non può essere paragonato a nessun re di questa terra, ha dato il Suo unigenito Figlio per noi. È così che lui ci ama (Romani 5:8).

A causa del peccato di Adamo, tutta l'umanità doveva percorrere la via della morte per pagare il salario del peccato. Per salvare l'umanità e condurla in Paradiso, doveva essere risolto il problema del peccato che stava tra Dio e gli uomini. Per questo motivo, Dio mandò il Suo unigenito Figlio Gesù a pagare il prezzo per il loro peccato.

Galati 3:13 dice: *"Maledetto chiunque è appeso al legno"*. Gesù è stato appeso su una croce di legno per liberarci dalla maledizione della legge che dice: *"Il salario del peccato è la morte"* (Romani 6:23). Inoltre, poiché non c'è perdono senza spargimento di sangue (Ebrei 9:22), ha versato tutta la sua acqua ed il suo sangue. Gesù ricevette le pene al posto nostro, e chi crede in Lui può essere perdonato dei suoi peccati e ottenere la vita eterna.

Dio sapeva che i peccatori avrebbero perseguitato e deriso e alla fine crocifisso Gesù, che è il Figlio di Dio; tuttavia, al fine di salvare la razza umana peccatrice che era destinata a cadere nella morte eterna, lo mandò su questa terra.

1 Giovanni 4:9-10 dice: *"In questo si è manifestato per noi l'amore di Dio: che Dio ha mandato il suo Figlio unigenito nel*

mondo affinché, per mezzo di lui, vivessimo. In questo è l'amore: non che noi abbiamo amato Dio, ma che egli ha amato noi, e ha mandato suo Figlio per essere il sacrificio propiziatorio per i nostri peccati".

Dio ha confermato il suo amore verso di noi, dando il Suo unigenito Figlio Gesù per essere appeso sulla croce. Gesù mostrò il Suo amore sacrificando se stesso sulla croce per redimere l'umanità dai suoi peccati. Questo amore di Dio, mostrato attraverso il dare il suo Figlio, è l'amore eterno immutabile che dona tutta la propria vita fino all'ultima goccia di sangue.

Il vero amore rivolto a Dio

È possibile avere un tale livello di amore? 1 Giovanni 4:7-8 dice: *"Carissimi, amiamoci gli uni gli altri, perché l'amore è da Dio e chiunque ama è nato da Dio e conosce Dio. Chi non ama non ha conosciuto Dio, perché Dio è amore".*

Se la nostra conoscenza non è solo una conoscenza di testa, ma sentiamo profondamente nel nostro cuore il tipo di amore che Dio ci ha dato, sarà naturale amare Dio secondo verità. Nella nostra vita cristiana, potremmo affrontare prove difficili da sopportare, o vivere una situazione in cui possiamo perdere tutti i nostri beni e tutte le cose per noi preziose. Anche in quelle situazioni, i nostri cuori non saranno affatto scossi finché abbiamo il vero amore in noi.

Ho quasi perso tutte e tre le mie preziose figlie. Più di 30 anni fa in Corea, la maggior parte delle persone utilizzavano mattonelle di carbone per il riscaldamento, ed il monossido di carbonio che sprigionavano, spesso causava incidenti. Accadde subito dopo l'apertura della chiesa, il cui seminterrato era la mia casa. Le mie tre figlie, insieme a un ragazzo, furono vittime di un avvelenamento da monossido di carbonio. Avevano inalato il gas per tutta la notte, e sembrava non esserci alcuna speranza di recupero.

Vedendo le mie figlie senza conoscenza, non ho avuto alcun dolore o malessere; ero solo grato al pensiero che stavano andando a vivere in pace in cielo dove non ci sono lacrime, dolore e pene. Ma poiché il giovane era solo un membro della chiesa, ho chiesto a Dio di farlo rivivere per non disonorare Dio. Ho messo le mani sul giovane e pregato per lui, e poi ho pregato per la mia terza e ultima figlia. Mentre stavo pregando per lei, il giovane si è risvegliato. Mentre pregavo per la seconda figlia, anche la terza si è svegliata. Ben presto, sia la mia seconda che la mia terza figlia hanno riacquistato coscienza. Nessuno di loro ha sofferto di alcun postumo, e fino ad oggi sono in buona salute. Tutte e tre svolgono il ministerio come pastori nella chiesa.

Se amiamo Dio, il nostro amore non cambierà mai in qualsiasi tipo di situazione. Abbiamo già ricevuto il Suo amore nel sacrificio del suo unigenito Figlio, e, pertanto, non abbiamo alcun motivo di risentimento verso di Lui o motivo di mettere in dubbio il suo amore. Possiamo solo amarlo immutabilmente. Possiamo solo fidarci del suo amore completamente ed essere fedeli a Lui con la nostra vita.

Questo atteggiamento non cambia, anche quando ci prendiamo cura di altre anime. 1 Giovanni 3:16 dice: *"Da questo abbiamo conosciuto l'amore: egli ha dato la sua vita per noi;*

anche noi dobbiamo dare la nostra vita per i fratelli". Se coltiviamo il vero amore verso Dio, ameremo i nostri fratelli con il vero amore. Significa che non avremo alcun desiderio di cercare per noi stessi, e quindi daremo tutto quello che abbiamo, senza nulla chiedere in cambio. Sacrificheremo noi stessi con motivazioni pure, e metteremo a disposizione degli altri tutti i nostri beni.

Ho attraversato numerose prove durante il mio cammino sulla via della fede, fino ad oggi. Sono stato tradito da coloro che hanno ricevuto tanto da me e da quelli che trattavo come fossero membri della mia famiglia. A volte la gente mi ha frainteso e puntato il dito contro di me.

Tuttavia, ho sempre trattato queste persone con bontà. Ho rimesso tutte le questioni nelle mani di Dio, pregandolo di perdonarle con il suo amore e la sua compassione. Non ho odiato quelle persone che hanno abbandonato e causato grandi difficoltà alla chiesa. Il mio desiderio era solo che si pentissero e tornassero sui loro passi. Hanno commesso atti molto malvagi, causando in me prove molto intense. Tuttavia, li ho trattati con bontà, perché in quei momenti pensavo solo che Dio mi amava ed io amavo loro con il suo amore.

Al fine di portare il frutto dell'amore

Siamo in grado di portare il frutto dell'amore completamente nella misura in cui noi santifichiamo i nostri cuori liberandoli dai peccati, dal male, dall'illegalità. Il vero amore può uscire da un cuore che è libero dal male. Se possediamo il vero amore, siamo sempre in grado di dare agli altri la pace, senza mai dare loro filo da torcere o pesi da portare, desiderando anche di essere capaci di capire i loro cuori per poterli servire. Saremmo in grado di dare ad essi gioia e contribuiremo affinché le loro anime prosperino, in modo tale che il regno di Dio sia sempre più esteso.

Nella Bibbia possiamo trovare il tipo di amore che i padri della fede avevano coltivato. Mosè ha amato il suo popolo, Israele, così tanto che avrebbe voluto salvarli anche se ciò avrebbe comportato che il suo nome fosse cancellato dal libro della vita (Esodo 32:32).

L'apostolo Paolo ha amato il Signore con una mente immutabile dal momento in cui lo ha incontrato. Divenne apostolo dei gentili, e salvò molte anime e fondò chiese durante i suoi tre viaggi di missione. Anche se la sua strada era faticosa e piena di pericoli, predicò Gesù Cristo fino a quando fu martirizzato a Roma.

Ci sono stati costanti minacce di vita, persecuzioni e disturbi da parte dei Giudei. È stato picchiato e messo in carcere, dopo un naufragio è stato alla deriva in mare per una notte ed un giorno. Tuttavia, non si è mai rammaricato per la strada che aveva scelto. Invece di preoccuparsi per se stesso, lo era per la chiesa e per i credenti, anche mentre attraversava le tante difficoltà incontrate sul suo cammino.

Ha espresso i suoi sentimenti in 2 Corinzi 11:28-29, che recita: *"Oltre a tutto il resto, sono assillato ogni giorno dalle preoccupazioni che mi vengono da tutte le chiese. Chi è debole senza che io mi senta debole con lui? Chi è scandalizzato senza che io frema per lui?"*.

L'apostolo Paolo non ha risparmiato nemmeno la sua vita perché vi era in lui l'amore ardente per le anime. Il suo grande amore è ben espresso in Romani 9:3, che dice: *"perché io stesso vorrei essere anatema, separato da Cristo, per amore dei miei fratelli, miei parenti secondo la carne"*. Qui, "miei parenti" non è riferito alla famiglia o ai parenti in senso stretto. Si riferisce a tutti gli ebrei, compresi quelli che lo stavano perseguitando.

Avrebbe preferito andare all'inferno al loro posto, solo se questo avrebbe potuto salvare quelle persone. Questo è il tipo di amore che possedeva. Inoltre, come scritto in Giovanni 15:13, *"Nessuno ha amore più grande di quello di dare la sua vita per i suoi amici"*, l'apostolo Paolo ha dimostrato il suo più alto livello di amore, diventando un martire.

Alcune persone dicono di amare il Signore, ma non amano i loro fratelli nella fede. Non sono loro nemici né chiedono loro di sacrificare la propria vita, ma hanno conflitti e covano sentimenti di disagio su questioni banali. Anche mentre lavorano per Dio, serbano rancore se le loro opinioni sono diverse. Alcuni sono insensibili verso persone i cui spiriti stanno appassendo e morendo. Possiamo, quindi, affermare che queste persone amano Dio?

Una volta ho professato davanti l'intera comunità, dicendo: "Se potessi salvare un migliaio di anime, sarei disposto ad andare all'inferno al loro posto". Certo, io so molto bene che tipo di posto è l'inferno e non farò mai nulla che possa farmici andare. Ma se riesco a salvare quelle anime che stanno per cadere nell'inferno, sarei disposto ad andarci al loro posto.

In quelle mille anime potrebbero esserci alcuni dei membri della nostra chiesa, tra i quali leader o membri che non hanno scelto la verità, scegliendo la via della morte, anche dopo aver ascoltato le parole di verità e testimoniato le potenti opere di Dio. Potrebbero essere anche quelle persone che perseguitano la nostra chiesa con le loro incomprensioni e la loro gelosia, o trattarsi di povere anime dell'Africa che muoiono di fame a causa di guerre civili, carestie e povertà.

Proprio come Gesù è morto per me, anche io posso dare la mia vita per loro. Non li amo perché è parte del mio dovere, solo perché la Parola di Dio dice che dobbiamo amare; io do tutta la mia vita e tutta l'energia che ho, di giorno in giorno, per salvarli, perché li amo più della mia vita, e non solo con le parole. Io do tutta la mia vita, perché so che è il più grande desiderio di Dio Padre, che mi ha amato.

Il mio cuore è pieno di pensieri del tipo, "come posso predicare il Vangelo in più luoghi?", "come posso manifestare maggiori opere della potenza di Dio in modo che più persone possano credere?", "come posso far loro capire l'insensatezza di questo mondo, portandoli a prendere possesso del regno dei cieli?"

Guardiamo in noi stessi cercando di capire quanto amore di Dio è inciso in noi. È l'amore con cui Egli ha dato la vita del suo Figlio unigenito. Se siamo pieni del suo amore, noi amiamo Dio e le anime con tutto il cuore. Questo è vero amore. E, se coltiviamo completamente questo amore, saremo in grado di entrare nella Nuova Gerusalemme, che è il cristalloide dell'amore. Spero che tutti voi condividiate in quel luogo l'amore eterno con il Dio Padre.

Filippesi 4:4

"Rallegratevi sempre nel Signore.

Ripeto: rallegratevi".

Contro queste cose non c'è legge

Capitolo 3

Gioia

Il frutto della gioia
Le ragioni per cui la gioia del primo amore scompare
Quando si porta la gioia spirituale
Se si desidera portare il frutto della gioia
Lutto anche dopo aver portato il frutto della gioia
Siate positivi e seguite il bene in ogni situazione

Gioia

Ridere allevia lo stress, la rabbia e la tensione, contribuendo in tal modo alla prevenzione di infarti e morti improvvise. Migliora anche l'immunità del corpo, quindi ha effetti positivi nella prevenzione di infezioni come l'influenza o anche malattie come tumori e quelle attribuite allo stile di vita. Ridere ha certamente effetti molto positivi sulla nostra salute, e Dio ci dice anche di gioire sempre. Qualcuno potrebbe dire: "Come posso gioire quando non c'è nulla da gioire?" Ma gli uomini di fede possono sempre gioire nel Signore perché credono che Dio li aiuterà ad uscire dagli stenti, e che alla fine saranno guidati nel regno del cielo dove c'è gioia eterna.

Il frutto della gioia

La gioia è "felicità intensa e soprattutto estatica o esultante". La gioia spirituale, però, non significa solo essere estremamente felici. Anche i non credenti si rallegrano quando le cose vanno bene, ma questo è solo temporaneo. La loro gioia scompare quando le cose diventano difficili. Se portiamo il frutto della gioia nei nostri cuori, però, saremo in grado di gioire e di essere contenti in ogni situazione.

1 Tessalonicesi 5:16-18 dice: *"Siate sempre gioiosi; non cessate mai di pregare; in ogni cosa rendete grazie, perché questa è la volontà di Dio in Cristo Gesù verso di voi"*. Gioia spirituale è gioire sempre e rendere grazie in ogni circostanza. La gioia è uno dei più evidenti e più chiari modi con cui siamo in grado di misurare e controllare che tipo di vita cristiana stiamo conducendo.

Alcuni credenti percorrono la via del Signore con gioia e felicità per tutto il tempo, mentre altri non hanno davvero la vera gioia e la vera grazia nel loro cuore, anche se potrebbero esserne in cerca durante il cammino della loro fede. Frequentano i servizi di culto, pregando e compiendo i loro doveri di chiesa, ma fanno tutte queste attività come se stessero adempiendo un obbligo, essendone però indifferenti. E se incontrano un problema, perdono quel minimo di pace che hanno, con la conseguenza che il loro cuore è scosso dal nervosismo.

Se c'è un problema che mai potrete risolvere solo con le vostre forze, questa è una buona situazione per controllare se state realmente gioendo dal profondo del vostro cuore. In una situazione del genere, perché non vi guardate in uno specchio? Potrebbe anche diventare un modo per verificare fino a che punto si porta il frutto della gioia. È un dato di fatto: solo la grazia di Gesù Cristo, che ci salva mediante il suo sangue, è per noi una condizione più che sufficiente per gioire sempre. Noi eravamo destinati a cadere nel fuoco eterno dell'inferno, ma per mezzo del sangue di Gesù Cristo siamo ora in grado di entrare nel regno dei cieli, pieni di felicità e di pace. Questo fatto da solo ci può dare la felicità, al di là delle parole.

Dopo l'esodo, quando i figli d'Israele attraversarono il Mar Rosso come se fosse terraferma, e furono liberati dall'esercito egiziano che li stava inseguendo, in che modo hanno gioito grandemente? Pieni di felicità, le donne ballavano con i timpani e tutti lodavano Dio (Esodo 15:19-20).

Allo stesso modo, quando si accetta il Signore, si riceve la gioia inesprimibile per essere stati salvati, tale che si possono sempre cantare lodi, anche se si è stanchi dopo una giornata di duro lavoro. Anche se si è perseguitati per via del nome del Signore o si soffre di un disagio senza giusta causa, si può solo essere felici, pensando al regno dei cieli. Se questa gioia è mantenuta continuamente e completamente, presto arriverà il frutto della gioia, da portare completamente.

Le ragioni per cui la gioia del primo amore scompare

In realtà, non sono così tante le persone che riescono a mantenere la gioia del loro primo amore. Qualche tempo dopo aver accettato il Signore, la gioia scompare e le loro emozioni, per quanto riguarda la grazia della salvezza, non sono più le stesse. All'inizio sono semplicemente felici, anche nelle difficoltà, pensando al Signore, ma poi cominciano a sospirare e lamentarsi quando le cose diventano difficili. È esattamente come quando i figli di Israele hanno dimenticato in fretta la gioia che avevano subito dopo aver attraversato il Mar Rosso, lamentandosi con Dio e Mosè mentre vivevano anche piccole difficoltà.

Perché le persone cambiano in questo modo? Perché hanno la carne nei loro cuori. La "carne" di cui parlo ha un significato spirituale e si riferisce alla natura o alle caratteristiche che sono in opposizione allo spirito. "Spirito" inteso come qualcosa che appartiene a Dio Creatore, che è meraviglioso e immutabile, mentre "carne" è riferito alle caratteristiche delle cose che vengono eliminate da Dio. Sono le cose che periranno, si corromperanno per poi scomparire. Pertanto, tutti i tipi di peccati come l'illegalità, l'ingiustizia e la falsità sono carne. Coloro che hanno tali attributi di carne perderanno la loro gioia che una volta riempiva pienamente i loro cuori. Inoltre, poiché hanno una natura mutevole, Satana cerca di provocare situazioni sfavorevoli, in modo da stuzzicare la loro natura mutevole.

L'apostolo Paolo è stato picchiato e messo in prigione mentre predicava il Vangelo. Ma mentre pregava e glorificava Dio senza preoccuparsi di nulla, si verificò un grande terremoto e le porte della prigione si aprirono. Attraverso questo evento, evangelizzò molti non credenti. Non perse la sua gioia nella difficoltà, e consigliò ai credenti: *"Rallegratevi sempre nel Signore. Ripeto: rallegratevi. La vostra mansuetudine sia nota a tutti gli uomini. Il Signore è vicino. Non angustiatevi di nulla, ma in ogni cosa fate conoscere le vostre richieste a Dio in preghiere e suppliche, accompagnate da ringraziamenti"* (Filippesi 4:4-6).

Se vi trovate in una situazione disastrosa come se steste aggrappati al bordo di una scogliera, perché non offrite una preghiera di ringraziamento come ha fatto l'apostolo Paolo? Dio sarà soddisfatto del vostro atto di fede e lavorerà per il bene in ogni cosa.

Quando si porta la gioia spirituale

Davide ha combattuto per il suo paese sui campi di battaglia sin dalla gioventù. Ha reso servizi meritori in molte guerre. Quando re Saul era affetto da spiriti maligni, ha suonato per lui l'arpa, per dare al suo re la pace. Non ha mai violato un ordine del suo re. Tuttavia, il re Saul non fu grato per il servizio di Davide; in realtà odiava Davide perché era geloso di lui, tanto amato dal popolo, e Saul aveva paura di perdere il suo trono, a tal punto da perseguitarlo con il suo esercito per ucciderlo.

In una tale situazione, Davide evidentemente dovette fuggire da Saul. Una volta, al fine di salvare la sua vita in un paese straniero, cominciò a sbavare fingendo di essere pazzo. Come vi sentireste se foste nei suoi panni? Davide non si è mai rattristato, anzi ne fu solo rallegrato. Ha professato la sua fede in Dio con un bel salmo.

"Il Signore è il mio pastore: nulla mi manca.
Egli mi fa riposare in verdeggianti pascoli,
mi guida lungo le acque calme.
Egli mi ristora l'anima, mi conduce per sentieri di giustizia,
per amore del suo nome.
Quand'anche camminassi nella valle dell'ombra della morte,
io non temerei alcun male, perché tu sei con me;
il tuo bastone e la tua verga mi danno sicurezza.
Per me tu imbandisci la tavola sotto gli occhi dei miei nemici;
cospargi di olio il mio capo; la mia coppa trabocca.
Certo, beni e bontà m'accompagneranno tutti
i giorni della mia vita;
e io abiterò nella casa del Signore per lunghi giorni"
(Salmo 23:1-6).

La realtà era come una strada di spine, ma Davide aveva qualcosa di grande in lui. Era il suo ardente amore verso Dio e la sua fiducia immutabile in Lui. Niente poteva togliere la gioia derivante dal profondo del suo cuore. Davide era certamente una persona che aveva portato il frutto della gioia.

Per circa 41 anni, da quando ho accettato il Signore, non ho mai perso la gioia del mio primo amore. Vivo ancora ogni giorno con gratitudine. Avevo sofferto per sette anni di tante malattie, ma la potenza di Dio le ha guarite tutte in una sola volta. Immediatamente sono diventato un cristiano e ho cominciato a lavorare nei cantieri edili. Ho avuto subito la possibilità di ottenere un lavoro migliore, ma ho scelto di farne uno duro, quale unico modo per me di santificare il giorno del Signore.

Ogni mattina mi alzavo alle quattro per partecipare alle riunioni di preghiera dell'alba, per poi andare a lavorare con un pranzo al sacco. Impiegavo circa un'ora e mezza di autobus per raggiungere il mio posto di lavoro. Ho dovuto lavorare dalla mattina alla sera senza concedermi un riposo sufficiente. È stato un lavoro molto difficile, anche perché non ne avevo mai fatto uno fisico, per di più ero stato male per tanti anni.

Ritornavo da lavoro verso le dieci di sera, mi lavavo velocemente, cenavo e leggevo la Bibbia, pregando prima di andare a dormire verso mezzanotte. Mia moglie mi aiutava guadagnandosi da vivere vendendo porta a porta, ma per noi era difficile anche il solo pagare gli interessi sul debito che avevamo accumulato durante il periodo della mia malattia. Letteralmente, riuscivamo a malapena a far quadrare i conti ogni giorno. Anche se ero in una situazione molto difficile finanziariamente, il mio cuore era sempre pieno di gioia e ho predicato il Vangelo ogni volta che ne ho avuto la possibilità.

Vorrei dire, "Dio è vivo! Guardami! Stavo aspettando solo la morte, ma sono totalmente guarito dalla potenza di Dio e sono diventato sano!"

La realtà era difficile e finanziariamente impegnativa, ma sono sempre stato grato per l'amore di Dio che mi ha salvato dalla morte. Il mio cuore era pieno di speranza del Paradiso. Dopo aver ricevuto la chiamata di Dio a diventare pastore, ho sofferto molti disagi ingiusti e cose che un uomo non può davvero sopportare, ma la mia gioia e la mia gratitudine non si sono mai raffreddate.

Come è stato possibile? Lo è stato perché la gratitudine del cuore partorisce più gratitudine. Cerco sempre cose per rendere grazie e offrire preghiere di ringraziamento a Dio. E non solo preghiere di gratitudine; gioisco anche nel dare offerte di ringraziamento a Dio. In aggiunta a questo, do offerte a Dio in ogni servizio di culto, e diligentemente lo faccio anche per altre cose. Ho reso grazie per i membri della chiesa che stanno crescendo nella fede, per avermi permesso di dare gloria a Dio per mezzo di enormi crociate oltreoceano, perché permette la crescita della chiesa, ecc. Gioisco nel cercare le condizioni per rendere grazie.

Così, Dio mi ha dato incessantemente benedizioni e grazia, così che ho potuto solo rendere grazie. Se lo avessi fatto solo quando le cose andavano bene, lamentandomi quando le cose andavano male, non avrei avuto la fortuna di gioire ora.

Se si desidera portare il frutto della gioia

In primo luogo, ci si deve liberare dalla carne.
Se non abbiamo invidia e gelosia, gioiremo quando gli altri

sono lodati o benedetti come se lo avessero fatto a noi. Al contrario, avremo difficoltà a guardare gli altri che diventano benestanti nella misura in cui proviamo invidia e gelosia. Potremmo provare sentimenti di disagio nei confronti degli altri, perdere la gioia e scoraggiarci perché ci sentiamo inferiori, nella misura in cui gli altri si elevano.

Inoltre, se siamo privi di rabbia o risentimento, laddove siamo trattati bruscamente o se subiamo un danno, avremo solo la pace. Proviamo risentimento e delusioni perché abbiamo la carne in noi, fardello che ci fa sentire oppressi nel cuore. Se abbiamo una natura che cerca solo il proprio beneficio, staremo molto male e sentiremo dolore quando subiremo una perdita che sembra più grande rispetto a quelle degli altri.

Poiché in noi vi sono attribuiti carnali, il diavolo agiterà queste nature e creerà situazioni in cui non possiamo gioire. Nella misura in cui abbiamo la carne non potremo avere una fede spirituale e questo ci porterà ad avere sempre più preoccupazioni e timori di non essere in grado di contare su Dio. Ma quelli che si affidano a Dio possono gioire, anche se non hanno nulla da mangiare. Questo perché Dio ci ha promesso che ci avrebbe dato quello che ci serve, quando cerchiamo prima il regno e la giustizia (Matteo 6:31-33).

Coloro che hanno la vera fede rimetteranno ogni cosa nelle mani di Dio attraverso le preghiere di gratitudine, in ogni condizione di disagio. Essi cercheranno il regno e la giustizia di Dio con un cuore pacifico e poi chiederanno ciò di cui hanno bisogno. Ma coloro che non si basano su Dio ma solo sui loro pensieri e progetti, non potranno fare a meno di diventare inquieti. Coloro che fanno affari possono essere guidati sulla via della prosperità e ricevere benedizioni solo se sentono la voce dello Spirito Santo in modo chiaro, e se la seguono. Ma finché hanno avidità, impazienza, e pensieri falsi, non possono ascoltarla e dovranno affrontare le difficoltà. In sintesi, la ragione fondamentale per cui perdiamo la gioia è per colpa dei nostri attributi carnali che risiedono nel nostro cuore. Avremo gioia crescente e grazia e tutto andrà per il meglio, nella misura in cui libereremo il nostro cuore dalla carne.

In secondo luogo, dobbiamo seguire i desideri dello Spirito Santo in ogni cosa.

La gioia che cerchiamo non è la gioia mondana ma la gioia che viene dall'alto, vale a dire la gioia dello Spirito Santo. Possiamo essere gioiosi e felici solo quando lo Spirito Santo che abita in noi gioisce. Soprattutto, la vera gioia viene quando adoriamo Dio con il nostro cuore, preghiamo e lodiamo, e manteniamo la sua parola.

Inoltre, se ci rendiamo conto dei nostri difetti attraverso l'ispirazione dello Spirito Santo e cerchiamo di migliorarli, diventeremo felici e saremo più inclini e grati nel momento in cui troviamo io nostro nuovo "io", che sarà diverso da quello che eravamo prima. La gioia data da Dio non può essere paragonata a nessuna gioia del mondo, e nessuno può rubarcela.

A seconda di che tipo di scelte facciamo nella nostra vita quotidiana, seguiremo i desideri dello Spirito Santo o quelli della carne. Se seguiamo i desideri dello Spirito Santo in ogni momento, esso si rallegra in noi e ci riempie di gioia. 3 Giovanni 1:4 dice: *"Non ho gioia più grande di questa: sapere che i miei figli camminano nella verità"*. Come detto, quando pratichiamo la verità, Dio si rallegra e ci dà gioia nella pienezza dello Spirito

Santo.

Ad esempio, se il desiderio di cercare il nostro beneficio e il desiderio di cercare quello degli altri si scontrano tra loro, e se questo conflitto continua, perderemo la gioia. Se alla fine abbiamo cercato il nostro beneficio, avremo la sensazione di poter avere quello che volevamo, ma non guadagneremo la gioia spirituale; piuttosto, avremo rimorsi di coscienza e afflizioni nel cuore. D'altro canto, se cerchiamo il beneficio degli altri, potremmo avere la sensazione che al momento stiamo subendo una perdita, ma questo ci permetterà di guadagnare la gioia dall'alto perché lo Spirito Santo gioisce. Solo coloro che hanno effettivamente provato tanta gioia capiranno quanto questo è buono. È il tipo di felicità che nessuno al mondo può dare o capire.

C'è una storia di due fratelli, in cui il più grande non sparecchiava mai dopo aver mangiato, così toccava sempre al più giovane farlo, provocandogli disagio. Un giorno dopo aver finito di mangiare e mentre il più anziano stava lasciando la tavola, il più giovane gli dice: "Dovresti lavare i tuoi piatti", ed il più grande, senza esitare ed andando verso la sua camera, gli rispose: "Lo puoi fare tu". Al più giovane non piacque questa situazione, ma suo fratello era già andato via.

Il fratello più piccolo sapeva che il più grande non aveva l'abitudine di lavare i piatti; gli rimaneva solo di servirlo con gioia, lavando lui tutti i piatti. Questa storia potrebbe portarci a pensare che il più giovane dovrà sempre lavare i piatti, senza che il fratello maggiore cerchi di risolvere questo problema. Se agiamo con bontà, colui che cambierà le cose è Dio, il quale cambierà il cuore del fratello più grande, in modo tale da fargli pensare: "mi dispiace aver costretto mio fratello a lavare sempre i piatti. D'ora in poi laverò io sia i miei, sia i suoi".

Come illustrato, se si seguono i desideri della carne per ottenere dei vantaggi momentanei, avremo sempre disagi e litigi, ma se serviamo gli altri col cuore seguendo i desideri dello Spirito Santo, avremo solo gioia.

Lo stesso principio si applica in ogni altra materia. Potreste giudicare gli altri secondo i propri criteri, ma se cambiate il vostro cuore cercando di capire gli altri con la bontà, avrete la pace. E quando incontrate qualcuno che ha una personalità molto diversa dalla vostra o che ha opinioni diverse? Tentate di evitarla oppure la salutate calorosamente con un sorriso? Da un punto di vista di un non credente, la soluzione più comoda è quella di evitare queste persone ed ignorare quelli che non ci piacciono, piuttosto che essere gentili con loro.

Ma coloro che seguono i desideri dello Spirito Santo sorrideranno a queste persone con un cuore pronto al servizio. Quando ci esponiamo alla morte ogni giorno, con l'intento di dare conforto agli altri (1 Corinzi 15:31), sperimenteremo che la vera pace e la gioia vengono dall'alto e, inoltre, se non proviamo la sensazione che qualcuno non ci piace o che la sua personalità non corrisponde alla nostra, saremo in grado di godere pace e gioia per sempre.

Supponiamo di ricevere una telefonata da un leader della chiesa che ci chiede di accompagnarlo a far visita ad un membro della chiesa che ha mancato il servizio della domenica, o che ci venga chiesto di predicare il Vangelo ad una certa persona in un giorno di riposo, riposo che da tanto tempo non ci concediamo. In un angolo della nostra testa vorremmo prenderci una pausa per riposare, ed in un altro angolo la nostra mente vorrebbe lavorare per Dio. La scelta spetta al nostro libero arbitrio in entrambi i casi, ma dormire molto e far riposare il nostro corpo non necessariamente ci darà gioia.

Si può sentire la pienezza dello Spirito Santo e la gioia quando si dona il proprio tempo ed i propri averi facendo il ministro di Dio. Seguendo i desideri dello Spirito Santo ancora e ancora, si avrà non solo la gioia sempre più spirituale, ma anche il vostro cuore si trasformerà sempre più in un cuore di verità. Per la stessa ragione, porterete il frutto maturo della gioia, e il vostro viso si illuminerà di luce spirituale.

In terzo luogo, dobbiamo seminare i semi di gioia e di ringraziamento con diligenza.

Per raccogliere i frutti di un raccolto, un agricoltore ha bisogno di piantare i semi e prendersi cura di loro. Allo stesso modo, al fine di portare i frutti della gioia, dobbiamo osservare con diligenza le condizioni di ringraziamento ed offrire sacrifici di gratitudine a Dio. Se siamo figli di Dio che hanno fede, ci sono tante cose da rallegrarsi!

In primo luogo, abbiamo la gioia della salvezza che non può essere scambiata con qualsiasi altra cosa. Inoltre, il buon Dio è il nostro Padre, e Lui alleva i suoi figli, che vivono nella verità, dando loro le risposte alle domande che gli vengono poste. Quindi, quanto siamo felici? Se osserviamo il giorno santo del Signore e diamo la giusta decima, non dovremo affrontare nessuna catastrofe o incidente durante tutto l'anno. Se non commettiamo peccati e osserviamo i comandamenti di Dio, lavorando fedelmente per il suo regno, riceveremo sempre benedizioni.

Anche se è possibile che si incontrino qualche difficoltà, le soluzioni a tutti i problemi si trovano nei sessantasei libri della Bibbia. Se il problema è stato causato da nostre malefatte, siamo in grado di tornare indietro, così che Dio abbia pietà di noi, dandoci la risposta per risolvere il problema. Quando guardiamo indietro in noi stessi, se il nostro cuore non ci condanna, possiamo solo gioire e ringraziare, e di conseguenza Dio risolverà tutto affinché tutto vada bene, dandoci più benedizioni.

Non dobbiamo dare per scontata la grazia di Dio che Egli ci ha dato. Dobbiamo gioire e ringraziarlo sempre. Quando cerchiamo le condizioni di gratitudine e ci rallegriamo, Dio ci dà più condizioni di ringraziamento. A sua volta, la nostra gratitudine e la gioia aumenteranno, e alla fine porteremo il frutto della gioia completamente.

Lutto anche dopo aver portato il frutto della gioia

Anche se noi portiamo il frutto della gioia nel nostro cuore, a volte diventiamo tristi. È il lutto spirituale che scaturisce dalla verità.

In primo luogo, vi è il lutto del pentimento. Se ci sono prove causate dai nostri peccati, non possiamo gioire e rendere grazie per risolvere il problema. Se si può gioire anche dopo aver commesso un peccato, quella è gioia mondana che non ha nulla a che vedere con Dio. In questo caso, dobbiamo pentirci con le lacrime e tornare indietro sui nostri passi. Dobbiamo pentirci a fondo pensando: "Come posso commettere un tale peccato credendo in Dio? Come posso abbandonare la grazia del Signore?" Allora, Dio accetterà il nostro pentimento, e come prova che la barriera del peccato è abbattuta, ci darà gioia. Ci sentiremo così leggeri e felici, come se volassimo nel cielo, e un nuovo tipo di gioia e di gratitudine verrà dall'alto.

Ma il lutto del pentimento è certamente diverso dalle lacrime di dolore causate da disagi o disastri. Anche se preghiamo versando tante lacrime, anche con il naso che cola, finché piangeremo con risentimento per quello che ci accade, si tratterà solo di lutto carnale. Inoltre, se si tenta di sfuggire al problema temendo la punizione e non si abbandona la strada del peccato completamente, non sarà possibile ottenere la vera gioia, e non si sentirà di essere stato perdonato. Se il vostro lutto è vero lutto di pentimento, è necessario abbandonare la volontà di commettere peccati per poi portare il giusto frutto del pentimento. Solo allora si riceverà di nuovo la gioia spirituale dall'alto.

Poi c'è il lutto che si ha quando Dio si vergogna di noi o per quelle anime che stanno percorrendo la strada della morte. Si tratta di una sorta di lutto che è proprio nella verità. Se si ha tale lutto, si dovrà pregare molto seriamente per il regno di Dio, chiedendo santità e potere per salvare più anime ed espandere il regno di Dio. Pertanto, tale lutto è gradevole e gradito al cospetto di Dio. Se si dispone di tale lutto spirituale, la gioia nel profondo del vostro cuore non andrà via. Non perderete forza essendo cupi e scoraggiati, ma continuerete ad avere gratitudine e felicità.

Diversi anni fa, Dio mi mostrò la casa celeste di una persona che pregava per il regno di Dio e la chiesa con un cuore contrito. La sua casa era decorata con oro, pietre preziose e, soprattutto, grandi perle lucenti. Come un'ostrica dà alla luce una perla con tutta la sua linfa ed energia, pianse pregando per assomigliare al Signore; piangeva pregando per le anime ed il regno di Dio, e Dio ha ripagato questa persona per tutti i sacrifici che lei aveva fatto pregando tra le lacrime. Pertanto, dovremmo sempre gioire nel credere in Dio e dobbiamo anche essere in grado di elaborare il lutto, per il regno di Dio e per le anime.

Siate positivi e seguite il bene in ogni situazione

Quando Dio creò il primo uomo, Adamo, instillò gioia nel suo cuore, ma quel tipo di gioia è diversa dalla gioia che noi, oggi, guadagniamo attraverso la coltivazione umana su questa terra.

Adamo era un essere vivente, o spirito vivente, il che significa che non possedeva nessun tipo di attributo carnale e quindi non aveva nessun elemento che poteva opporlo alla gioia. Vale a dire, non possedeva alcun concetto relativo all'essere in grado di realizzare il valore della gioia. Solo chi ha sofferto di malattie può capire quanto sia preziosa la salute, solo chi ha vissuto la povertà può capire il vero valore di una vita ricca.

Adamo non aveva mai provato alcun dolore e non era in grado di capire quanto fosse meravigliosa la vita che stava vivendo. Anche se stava godendo di una vita eterna nell'abbondanza del giardino dell'Eden, non poteva davvero gioirne dal profondo del cuore. Ma dopo aver mangiato dall'albero della conoscenza del bene e del male, la carne è arrivata nel suo cuore, perdendo la gioia che gli era stata data da Dio. Mentre viveva molti dei dolori di questo mondo, il suo cuore si riempì di dolore, solitudine, risentimento, rancore e preoccupazioni.

Sperimentiamo ogni tipo di dolore su questa terra, e ora dobbiamo recuperare la gioia spirituale che Adamo aveva perso. Per fare questo, dobbiamo abbandonare la carne, seguire i desideri dello Spirito Santo sempre, e seminare i semi di gioia e di gratitudine in tutte le cose. E se aggiungiamo atteggiamenti positivi e seguiamo la bontà, saremo in grado di portare il frutto della gioia completamente.

Questa gioia è maturata dopo che abbiamo vissuto le relazioni relative di molte cose di questa terra, a differenza di Adamo che viveva nel Giardino dell'Eden. Pertanto, la gioia nasce dal profondo del nostro cuore e non cambia mai. La vera felicità che godremo in Paradiso è già stata coltivata in noi su questa terra. Come possiamo essere in grado di esprimere la gioia che avremo quando terminerà la nostra vita terrena e andremo nel regno dei cieli?

Luca 17:21 dice: *"... 'Eccolo qui', o: 'Eccolo là'; perché, ecco, il regno di Dio è in mezzo a voi"*. Spero che porterete rapidamente i frutti della gioia nel cuore in modo da poter gustare il paradiso in terra e condurre una vita sempre piena di felicità.

Ebrei 12:14

"Impegnatevi a cercare la pace con tutti e la santificazione, senza la quale nessuno vedrà il Signore".

Contro queste cose non c'è legge

Capitolo 4

Pace

Il frutto della pace
Al fine di portare il frutto della pace
Le parole di bontà sono importanti
Pensate saggiamente dal punto di vista degli altri
La vera pace nel cuore
Benedizioni per gli operatori di pace

Pace

Le particelle di sale non sono visibili, ma quando cristallizzano, diventano bei cristalli cubici. Una piccola quantità di sale si scioglie in acqua e cambia l'intera struttura dell'acqua. Si tratta di un condimento che è assolutamente necessario in cottura. I micro elementi di sale, in appena una piccola quantità sono fondamentalmente essenziali per sostenere le funzioni vitali.

Come il sale si scioglie per aggiungere sapore al cibo e impedirne la decomposizione, Dio vuole che sacrifichiamo noi stessi per edificare e purificare gli altri e portare il buon frutto della pace. Diamo ora uno sguardo al frutto della pace tra i frutti dello Spirito Santo.

Il frutto della pace

Anche se credono in Dio, le persone non possono mantenere la pace con gli altri fino a quando lasciano comandare il proprio ego. Se credono che le loro idee siano giuste, tendono ad ignorare le opinioni altrui e ad agire in maniera inadatta. Anche se un accordo è stato raggiunto con i voti della maggioranza del gruppo, continuano a lamentarsi della decisione. Guardano le carenze degli altri piuttosto che i loro punti forti, ne parlano male e diffondono queste cose, mettendo il tal modo le persone le une contro le altre.

Quando siamo in giro con queste persone ci sentiamo come se stessimo seduti su un letto di spine, senza avere pace. Dove ci sono questi distruttori di pace, ci sono sempre problemi, afflizioni, prove. Se la pace è rotta in un paese, in famiglia, sul posto di lavoro, in chiesa, o di qualsiasi gruppo, il passaggio per le benedizioni sarà bloccato, con conseguenti difficoltà.

In un gioco, l'eroe o l'eroina sono ovviamente importanti, ma anche gli altri ruoli ed il lavoro di supporto svolto da tutto il personale è importante. Lo stesso vale in ogni tipo di organizzazione. Anche se può sembrare banale, se qualcuno fa il proprio lavoro in maniera adeguata, sarà più facile raggiungere l'obiettivo comune, e gli potrà essere affidato un ruolo più importante nel futuro. Inoltre, non bisogna essere arroganti solo perché il proprio compito che si sta portando avanti è importante: quando si aiutano gli altri a crescere insieme, tutte le opere saranno realizzate in pace.

Romani 12:18 dice: *"Se è possibile, per quanto dipende da voi, vivete in pace con tutti gli uomini"*.

Qui il termine "pace" è inteso nel senso che bisogna essere in grado di accettare le opinioni degli altri, anche se la nostra è quella corretta. Si tratta di dare conforto agli altri con un cuore generoso che ci permette di star bene con qualsiasi cosa, purché entro i confini della verità. Significa perseguire i benefici degli altri senza alcun favoritismo, ossia cercare di non avere problemi con i nostri simili, astenendosi dall'esprimere opinioni personali che sono in opposizione alle loro e senza guardare alle loro carenze.

I Figli di Dio non devono mantenere la pace solo tra marito e moglie, genitori e figli, fratelli e vicini, ma la devono mantenere con tutti gli esseri umani. Bisogna averla con coloro che amiamo ma anche con chi ci odia e ci rende la vita difficile. Questo è particolarmente importante nella chiesa perché Dio non può operare se la pace è rotta, dando così a Satana la possibilità di accusarci. Inoltre, anche se durante il ministero di Dio lavoriamo sodo e raggiungiamo grandi traguardi, non possiamo essere lodati se non c'è la pace.

In Genesi 26, Isacco ha mantenuto la pace con tutti, anche in una situazione in cui gli altri lo stavano sfidando. Esattamente quando, nel tentativo di evitare la carestia, si recò nel luogo dove vivevano i Filistei, dove ricevette la benedizione di Dio e le sue greggi e le sue mandrie aumentarono, come pure la sua famiglia. I Filistei, gelosi, si fermarono sui pozzi di Isacco e li riempirono di terra.

Non avevano abbastanza pioggia in quella zona, soprattutto durante l'estate. I pozzi erano la loro àncora di salvezza, ma Isacco non litigò e non combatté contro di loro. Semplicemente abbandonò quel posto e scavò un altro pozzo. Ogni volta che trovava un pozzo dopo grandi fatiche e sacrifici, i Filistei arrivavano, insistendo che quel bene doveva essere lasciato a loro. Isacco, tuttavia, non ha mai protestato, limitandosi ad abbandonare quel pozzo per scavarne poi un altro in un altro luogo.

Questa storia si è ripetuta molte volte, ed ogni volta Isacco ha trattato queste persone con la bontà, ricevendo da Dio benedizioni tali da trovare un pozzo ovunque andasse. Vedendo questo, i Filistei capirono che Dio era con lui e ad un certo punto non lo hanno più disturbato. Se avesse litigato o li avesse combattuto perché trattato ingiustamente, sarebbe diventato loro nemico, con la conseguenza di dover lasciare quella terra. Anche se avesse potuto argomentare le sue ragioni in modo equo e giusto, non avrebbe ottenuto nulla, in quanto i Filistei, motivati da cattive intenzioni, erano solo alla ricerca di un pretesto per una lite. Per questa ragione Isacco trattò loro con bontà e portò i frutti della pace.

Se portiamo il frutto della pace in questo modo, Dio controlla tutte le situazioni in modo che noi possiamo prosperare in ogni occasione. Ora, come possiamo portare questo frutto della pace?

Al fine di portare il frutto della pace

In primo luogo, dobbiamo essere in pace con Dio.

La cosa più importante nel mantenimento della pace con Dio è che non dobbiamo avere nessun muro di divisione tra noi e Lui causato dal peccato. Adamo dovette nascondersi da Dio sin da quando violò la sua Parola, mangiando il frutto proibito (Genesi 3:8). Prima di ciò, egli si sentiva in stretta intimità con Dio, ma ora la presenza del Signore gli provoca sentimenti di paura e di distanza. Tutto questo perché la pace con Dio era stata interrotta a causa del suo peccato.

La stessa cosa accade in noi: quando agiamo nella verità, siamo in pace con Dio ed abbiamo fiducia innanzi a Lui. Naturalmente, al fine di possedere una pace perfetta e completa, dobbiamo liberare il nostro cuore dai peccati e dal male e diventare santificati. Anche se non siamo ancora perfetti, fin tanto che si pratica la verità con diligenza entro la misura della nostra fede, possiamo essere in pace con Dio. Non sarà una pace perfetta con il Signore sin dall'inizio, ma possiamo averla nel momento in cui proviamo a seguire la pace con Lui all'interno della nostra fede.

Allo stesso modo, quando cerchiamo la pace con gli altri, al primo posto deve esserci la pace con Dio, che si tratti dei nostri genitori, dei nostri figli, del coniuge, amici o colleghi di lavoro, e questo lo otteniamo solo non agendo contro la verità. In altre parole, non dobbiamo rompere la pace con Dio per seguire la pace con gli uomini.

Per esempio, se ci inchiniamo davanti agli idoli o violiamo il giorno del Signore per avere la pace con i familiari non credenti? Sembra che momentaneamente abbiamo la pace, ma in realtà abbiamo seriamente rotto la pace con Dio, creando tra noi e Lui un muro di peccato. Non possiamo commettere peccati ed essere in pace con gli altri. Inoltre, se violiamo il giorno del Signore per assistere al matrimonio di un familiare o un amico, questo significa rompere la pace con Dio, con il risultato di non avere con questa gente una vera pace.

Per essere davvero in pace con gli uomini, dobbiamo prima piacere a Dio, che scaccerà Satana e cambierà le menti delle persone malvagie in modo da essere in pace con tutti. Proverbi 16:7 dice: *"Quando il Signore gradisce le vie di un uomo, riconcilia con lui anche i suoi nemici"*.

Naturalmente, l'altra persona potrebbe continuare a rompere la pace con noi, anche se facciamo del nostro meglio nella verità. In tal caso, se reagiamo nella verità fino alla fine, Dio farà in modo tale che tutto funzioni per il meglio. Così fu nel caso di Davide e re Saul, che a causa della sua gelosia cercò di uccidere Davide, il quale lo trattò con bontà fino alla fine. Davide ebbe molte occasioni per ucciderlo, ma scelse di perseguire la pace con Dio seguendo la bontà, ed alla fine lo fece sedere sul trono per ripagarlo delle sue buone azioni.

In secondo luogo, dobbiamo avere la pace con noi stessi.

Per avere la pace con noi stessi, dobbiamo gettare via ogni forma di male e santificarci. Finché abbiamo il male nel nostro cuore, la nostra cattiveria sarà turbata a seconda delle situazioni, e quindi la pace verrà spezzata. Potremmo essere portati a pensare che abbiamo la pace quando le cose vanno bene, come noi vogliamo che sia, ma quando non è così, la pace è interrotta, e questo influenza la malvagità nel nostro cuore. Quanto disagio ci porta l'odio e la rabbia nel nostro cuore! Ma possiamo avere la pace del cuore, non importa quali siano le circostanze, continuando a scegliere la verità.

Alcune persone, tuttavia, non hanno la vera pace nei loro cuori nonostante provino a praticare la verità per avere la pace con Dio. Questo perché sono arroganti e legati alle strutture della loro personalità.

Per esempio, alcuni non hanno la pace interiore perché sono troppo legati dalla Parola di Dio. Proprio come Giobbe prima di andare incontro alle prove, pregano ferventemente e cercano di vivere secondo la Parola, ma fanno questo senza l'amore per Dio. Vivono nella Parola di Dio per paura delle sue pene e del suo castigo, e se per caso violano la verità in talune circostanze, diventano nervosi per paura che essi possano affrontare conseguenze sfavorevoli.

In tal caso, seppur praticando diligentemente la verità, quanto sarà afflitto il loro cuore! Quindi, la loro crescita spirituale si ferma oppure perdono la gioia. Dopo tutto, stanno soffrendo a causa della loro arroganza e dei loro quadri mentali. In questi casi, invece di essere ossessionati dagli atti di osservanza della legge, bisogna cercare di coltivare l'amore di Dio.

Ecco un altro esempio. Alcune persone non hanno pace con se stessi a causa dei loro pensieri negativi. Cercano di praticare la verità, condannando loro stessi ed accumulando dolore nei propri cuori se non riescono ad ottenere i risultati voluti. Si dispiacciono davanti a Dio e perdono il loro cuore pensando alle loro carenze. Perdono la pace pensando: "E se la persone che mi stanno intorno si sentono deluse da me? E se mi abbandonano?"

Tali persone devono diventare bambini spirituali. Il pensiero di questi bambini che credono nell'amore dei propri genitori, è molto semplice. Anche se sbagliano, non nascondono nulla ai propri genitori, ma vanno da loro dicendo che la prossima volta faranno meglio, e se lo fanno con un volto pieno di amore fiducioso, probabilmente la reazione dei loro genitori sarà quella di sorridere, anche se l'intenzione era di rimproverarli.

Naturalmente ciò non significa che si debba solo dire che si farà meglio la prossima volta, per poi continuare a fare gli stessi errori. Se davvero si desidera abbandonare il peccato e fare meglio la prossima volta, per quale motivo Dio dovrebbe girarci la faccia? Chi davvero si pente non deve perdersi d'animo o scoraggiarsi a causa degli altri. Certo, si potrebbero ricevere delle punizioni o essere relegati in posti umili per qualche tempo, secondo giustizia. Tuttavia, se si è davvero certi dell'amore di Dio, si può accettare di buon grado una suo castigo, senza preoccuparsi di ciò che gli altri vedranno e cosa diranno.

Al contrario, Dio non si compiace se qualcuno continua a dubitare pensando di non essere stato perdonato dei propri peccati. Se c'è stato vero pentimento e ravvedimento, questo sarà gradito alla vista di Dio, e bisogna credere nel suo perdono. Anche se ci sono prove a causa delle nostre malefatte, queste si trasformeranno in benefici se le accettiamo con gioia e gratitudine.

Pertanto, noi dobbiamo credere che Dio ci ama. Anche se non siamo ancora perfetti, Egli ci renderà perfetti solo se noi continuiamo a cercare di cambiare noi stessi. Inoltre, se ci sentiamo schiacciati in una prova, dobbiamo confidare in Dio, che alla fine ci solleverà. Non dobbiamo sentirci impazienti desiderando di essere approvati dalla gente. Se solo continuiamo ad accumulare un cuore sincero e buone azioni, raggiungeremo la pace con noi stessi, nonché la fiducia spirituale.

In terzo luogo, dovremmo essere in pace con tutti.

Al fine di perseguire la pace con tutti, dobbiamo essere in grado di sacrificare noi stessi per gli altri, e dobbiamo farlo fino al punto di dare la vita. Paolo disse: "Io muoio ogni giorno", e proprio come ha detto, non dobbiamo insistere sulle nostre cose, i nostri punti di vista o preferenze, per avere la pace con tutti.

Per avere la pace, non dovremmo agire in maniera inadeguata o cercare di ostentare e vantare noi stessi. Dobbiamo umiliarci dal cuore e far rialzare gli altri. Non dovremmo essere di parte, e, allo stesso tempo, dovremmo essere in grado di accettare i punti di vista diversi degli altri, se questi sono nella verità. Non dobbiamo pensare con la misura della nostra fede, ma dobbiamo farlo dal punto di vista degli altri. Anche se la nostra opinione è corretta, o forse anche meglio, dovremmo comunque essere in grado di seguire le opinioni altrui.

Ciò non significa, tuttavia, che si debba semplicemente lasciare che queste persone vadano per la loro strada se questa li porta sulla via della morte dove si commettono peccati, né dobbiamo scendere a compromessi o unirci a loro nella pratica della falsità. A volte siamo chiamati a consigliare loro ed ammonirli con amore, ricevendo grandi benedizioni quando perseguiamo la pace nella verità.

Successivamente, per essere in pace con tutti non dobbiamo insistere sulla nostra arroganza e sulle nostre convinzioni racchiuse nei nostri schemi. "Schemi" è inteso come ciò che si pensa sia giusto dal punto di vista della propria individuale personalità, senso del decoro e preferenze. "Arroganza" è da intendere come quando si cerca di imporre agli altri le proprie opinioni personali, credenze e idee che si considerano superiori. Arroganza e schemi si mostrano in varie forme nella nostra vita.

Che cosa succede se una persona viola le norme dell'azienda per giustificare le proprie azioni pensando che le regole siano sbagliate? Questa persona potrebbe pensare che sta facendo ciò che è corretto, ma ovviamente il suo capo o i suoi colleghi penserebbero il contrario. Inoltre, è in accordo con la verità di seguire le opinioni altrui, purché esse non siano falsità.

Ogni individuo ha una personalità diversa, perché ciascuno ha vissuto in ambienti diversi. Ognuno ha ricevuto istruzione e fede in misura diversa. Così, ogni persona ha un diverso standard nel giudicare cosa è giusto o sbagliato, cosa è bene o male. Una persona può pensare che una certa cosa sia corretta, mentre un altro può pensare che sia sbagliata.

Parliamo del rapporto tra un marito e una moglie, per esempio. Il marito vuole che la casa sia sempre in ordine, ma la moglie ignora questo desiderio. Lui all'inizio sopporta tutto questo con amore, facendo lui le pulizie, ma più si va avanti, più si sente frustrato. Comincia a pensare che sua moglie non abbia avuto una educazione domestica adeguata. Si chiede perché lei non faccia qualcosa che è semplice e corretta, non capendo per quale motivo le sue abitudini non cambino anche dopo molti anni, nonostante i suoi frequenti consigli.

Ma d'altra parte, anche la donna ha qualcosa da dire. La sua delusione verso il marito aumenta, pensando: "io non esisto solo per pulire e fare i lavori domestici. Qualche volta, se non riesco a farli, avrebbe potuto farli lui. Perché si lamenta così tanto? Sembrava disposto a fare qualsiasi cosa per me prima, ma ora si lamenta su questioni banali. Ha anche da dire sulla mia educazione familiare!" Se entrambi insistono sulle proprie opinioni e sui propri desideri, non avranno la pace. La pace può essere stabilita solo quando entrambi prendono in considerazione il punto di vista dell'altro mettendosi al servizio l'un l'altro, e non quando pensano tenendo solo in considerazione i propri punti di vista.

Gesù ci ha detto che, quando diamo la nostra offerta a Dio, se abbiamo qualcosa contro uno dei nostri fratelli, dobbiamo prima riconciliarci con lui e poi tornare a fare l'offerta. (Matteo 5:23-24). Le nostre offerte saranno accettate da Dio solo dopo aver fatto pace con quel fratello.

Coloro che hanno la pace con Dio e con se stessi non rompono la pace con gli altri. Non litigano con nessuno, perché hanno già abbandonato la loro avidità, l'arroganza, l'orgoglio, la loro superiorità ed i loro schemi. Anche quando gli altri sono il male e provocano problemi, queste persone si sacrificano per fare finalmente la pace.

Le parole di bontà sono importanti

Ci sono un paio di cose che dobbiamo considerare quando cerchiamo di perseguire la pace. È molto importante parlare usando solo buone parole per mantenere la pace. Proverbi 16:24 dice: *"Le parole gentili sono un favo di miele; dolcezza all'anima, salute alle ossa"*. Le buone parole danno forza e coraggio a coloro che sono sfiduciati e possono diventare una buona medicina per rilanciare le anime morenti.

Al contrario, le parole malvagie rompono la pace. Quando Roboamo, figlio di re Salomone, ascese al trono, il popolo delle dieci tribù chiese al re di ridurre il loro duro lavoro. Il re rispose: *"Mio padre ha reso pesante il vostro giogo, e io lo renderò più pesante ancora; mio padre vi ha castigati con la frusta, e io vi castigherò con i flagelli a punte"* (2 Cronache 10:14). A causa di queste parole, il re ed il popolo si allontanarono l'uno dall'altro, portando alla fine alla divisione in due del paese.

La lingua dell'uomo è una piccola parte del suo corpo, ma ha un enorme potere. È molto simile a una piccola fiamma che può diventare un grande incendio e causare una grande quantità di danni se non controllata. Per questo motivo Giacomo 3:6 dice: *"Anche la lingua è un fuoco, è il mondo dell'iniquità. Posta com'è fra le nostre membra, contamina tutto il corpo e, infiammata dalla geenna, dà fuoco al ciclo della vita"*. Inoltre, Proverbi 18:21 dice: *"Morte e vita sono in potere della lingua;*

chi l'ama ne mangerà i frutti".

Soprattutto, se si usano parole di risentimento o di reclamo a causa delle differenze di opinione, esse conterranno rancori, e di conseguenza il diavolo vi accuserà a causa loro. Inoltre, il solo nutrire lamentele e risentimenti è molto differente dal rivelarli esteriormente con le parole e con le azioni. Possedere una bottiglia di inchiostro in tasca è una cosa, ma aprire il coperchio e versarlo fuori è un'altra. Se si versa, si macchiano le persone intorno a voi proprio come macchiate voi stessi.

Allo stesso modo, quando si esegue l'opera di Dio, ci si può lamentare perché alcune cose non sono in accordo con le vostre idee. Altri che sono d'accordo con le vostre idee parleranno nello stesso modo. Se il numero aumenta a due e tre, diventa una sinagoga di Satana. La pace in chiesa sarà rotta, e la stessa chiesa fermerà la sua crescita. Pertanto, dobbiamo sempre vedere, ascoltare, e parlare solo di cose buone (Efesini 4:29), e non dobbiamo ascoltare le parole che non sono verità o bontà.

Pensate saggiamente dal punto di vista degli altri

Ciò che dobbiamo considerare in secondo luogo è il caso in cui non si ha alcun rancore contro l'altra persona, ma quella persona sta rompendo la pace. In questo caso si deve pensare se sia davvero colpa dell'altra persona. A volte, senza rendersene conto, siamo proprio noi la causa dei motivi per cui gli altri fanno ciò.

Potremmo ferire i sentimenti degli altri a causa dei nostri comportamenti, della nostra sconsideratezza o delle nostre parole imprudenti. In tal caso, se continuiamo a pensare di non nutrire alcun rancore verso l'altro, mai avremo la pace con esso fintanto che non realizziamo cosa abbiamo fatto di sbagliato, cosa che ci permette di modificare i nostri comportamenti. Dovreste essere in grado di verificare se siete veramente uomini di pace, anche agli occhi dell'altra persona.

Dal punto di vista di un leader, questi potrebbe pensare che sta mantenendo la pace mentre i suoi dipendenti penserebbero solo che stanno vivendo un periodo difficile, perché non possono apertamente esprimere i loro sentimenti al proprio superiore, potendo solo sopportare in silenzio, sentendosi feriti dentro.

C'è un famoso episodio che riguarda il Primo Ministro Hwang Hee della dinastia Chosun. Egli vide un contadino che arava il suo campo con due tori. Il ministro chiese all'agricoltore a gran voce: "Quale dei due tori lavora di più?" Il contadino improvvisamente lo prese per un braccio e lo portò in un posto più distante, per sussurrargli nelle orecchie: "Il nero è a volte pigro, ma quello giallo lavora sodo". "Perché mi hai dovuto portare qui e sussurrare nelle orecchie per parlare dei tori?" Chiese Hwang Hee con un sorriso sulla sua faccia. Il contadino rispose: "Anche agli animali non piace quando si parla male di loro". Si racconta che Hwang Hee si rese conto delle sue sconsideratezze.

Che cosa succede se i due tori capiscono quello che ha detto il contadino? Il toro giallo diverrebbe arrogante, e il toro nero geloso, causando in tal modo problemi al toro giallo, oppure si sarebbe scoraggiato, lavorando meno di prima.

Da questa storia, possiamo imparare la considerazione anche per gli animali, e che, inoltre, dovremmo essere attenti nel parlare, a non usare parole o fare azioni che potrebbero mostrare favoritismi. Dove c'è favoritismo c'è gelosia e arroganza. Per esempio, se lodiamo una sola persona piuttosto che altre, o se ne rimproveriamo una davanti a tutti, in questi casi stiamo gettando le basi per la nascita del dissenso. Si dovrebbe fare attenzione ed essere abbastanza saggi per non causare problemi.

Inoltre, ci sono persone che soffrono a causa di favoritismi e discriminazioni dei loro capi, ma quando diventano essi stessi dirigenti, anche loro discriminano alcuni individui e mostrano favoritismi verso altri. Dobbiamo renderci conto che se si è sofferto di tale ingiustizia, si dovrebbe fare attenzione, sia nelle parole sia nei comportamenti, in modo che la pace non sia spezzata.

La vera pace nel cuore

Un'ulteriore cosa a cui si dovrebbe pensare nel realizzare la pace, è che quella vera va realizzata all'interno del proprio cuore. Anche coloro che non sono in pace con Dio e con se stessi, in una certa misura possono essere in pace con gli altri. Molti credenti sanno che non devono rompere la pace, così acquisiscono la capacità di controllare i propri sentimenti più duri, non confrontandosi con altri che hanno opinioni differenti dalle loro. Ma il non avere un conflitto esterno non significa che queste persone hanno portato il frutto della pace. Il frutto dello Spirito è portato non solo all'esterno, ma anche nel cuore.

Ad esempio, se l'altra persona non vi segue nel servizio o non vi riconosce, vi sentite pieni di risentimento che non esprimere esteriormente, situazione che vi porta a pensare cose del tipo "devo avere solo un po' di pazienza!" e provate a servire voi quella persona. Supponiamo che la stessa cosa succeda ancora, con la conseguenza che si inizierà ad accumulare risentimento.

Non potete esprimere direttamente il vostro risentimento pensando che questo ferirebbe solo il vostro orgoglio, ma potreste indirettamente criticare quella persona. In qualche modo potreste rivelare il vostro sentirvi perseguitati. A volte non si capiscono gli altri e ciò impedisce di esserci in pace. Basta restare zitti per paura di litigare se si inizia ad argomentare le proprie ragioni, quindi con quella tale persona basta evitare di parlarci, continuando a vegliare su di lei, pensando: "è il male ed è così insistente che non posso proprio parlarci".

Se agiamo in questo modo, certamente non rompiamo la pace all'esterno, ma non avremo buoni sentimenti verso questa persona. Non si è d'accordo con le sue opinioni, fino a sentire l'esigenza di non averla vicina. Ci si potrebbe spingere fino al punto di lamentarsene, parlando ad altri dei suoi difetti, evidenziando i sentimenti di disagio che si provano, dicendo: "È davvero il male. Come possiamo giustificarlo e capirlo per quel che ha fatto! Ma agendo con bontà, continuo ad interagirci". Certo, è meglio non rompere la pace in questo modo, piuttosto che romperla direttamente.

Ma per avere la vera pace, bisogna servire gli altri dal cuore. Non dovremmo reprimere tali sentimenti ed aver ancora voglia di essere serviti, ma dovremmo avere la volontà di servire e cercare il bene altrui. Non si dovrebbe sorridere e contemporaneamente dentro di noi, giudicare.

Bisogna capire gli altri dal loro punto di vista. Solo a questo punto lo Spirito Santo opererà. Anche mentre sono concentrate ed in cerca di se stesse, saranno mosse nei loro cuori e cambieranno. Quando ogni persona coinvolta in qualcosa ha dei difetti, ognuno può assumerne la colpa, ed alla fine tutti avranno la vera pace e saranno in grado di condividere i loro cuori.

Benedizioni per gli operatori di pace

Coloro che hanno la pace con Dio, con se stessi e con tutti, hanno il potere di scacciare le tenebre. Quindi, essi possono compiere la pace intorno a loro. Come scritto in Matteo 5:9 *"Beati quelli che si adoperano per la pace, perché saranno chiamati figli di Dio"*. Essi hanno l'autorità dei figli di Dio, l'autorità della luce.

Ad esempio, se si è un leader della chiesa, si può aiutare i fedeli a portare il frutto della pace, ossia è possibile fornire loro con la Parola di verità che ha autorità e potere, il modo per discostarsi dal peccato e abbattere la loro ipocrisia ed i loro schemi. Quando le sinagoghe di Satana vengono erette per alienare le persone le une contro le altre, voi potrete distruggerle con il potere delle vostre parole. In questo modo si può portare la pace tra persone differenti.

Giovanni 12:24 dice: *"In verità, in verità vi dico che se il granello di frumento caduto in terra non muore, rimane solo; ma se muore, produce molto frutto"*. Gesù ha sacrificato se stesso ed è morto come un chicco di grano per portare innumerevoli frutti. Egli ha perdonato i peccati di tante anime morenti per far loro avere la pace con Dio. Di conseguenza, il Signore stesso è diventato il Re dei re e Signore dei signori, ricevendo grande onore e gloria.

Siamo in grado di ottenere un abbondante raccolto solo quando ci sacrifichiamo. Dio Padre vuole che i Suoi amati figli si sacrifichino e "muoiano come il grano" per portare frutti abbondanti, proprio come ha fatto Gesù. Gesù disse anche in Giovanni 15:8, *"In questo è glorificato il Padre mio: che portiate molto frutto, così sarete miei discepoli"*. Come detto, seguiamo il desiderio dello Spirito Santo di portare il frutto della pace e di portare molte anime sulla via della salvezza.

Ebrei 12:14 dice: *"Impegnatevi a cercare la pace con tutti e la santificazione, senza la quale nessuno vedrà il Signore"*. Anche se si è assolutamente nel giusto, se gli altri provano sentimenti di disagio a causa vostra e se ci sono conflitti, questo non è giusto agli occhi di Dio, e in tal modo, si dovrebbe guardare indietro sui propri passi. Quindi, è possibile diventare una persona santa che non ha le forme del male e che è in grado di vedere il Signore. In tal modo, mi auguro che si goda dell'autorità spirituale su questa terra per essere chiamati figli di Dio, e arrivare a una posizione onorevole in cielo dove è possibile vedere il Signore in eterno.

Giacomo 1:4

"E la costanza compia pienamente l'opera sua in voi, perché siate perfetti e completi, di nulla mancanti".

Contro queste cose non c'è legge

Capitolo 5

Pazienza

Pazienza che non ha bisogno di essere paziente
Il frutto della pazienza
Pazienza dei padri della fede
Pazienza per andare nel regno celeste

Pazienza

Sempre più spesso sembra che la felicità nella vita dipenda dal fatto se noi siamo pazienti o meno. Tra genitori e figli, mariti e mogli, tra fratelli e con gli amici, la gente fa cose di cui poi si pentirà perché non sono pazienti. Il successo o il fallimento negli studi, sul lavoro e negli affari potrebbero anche dipendere dalla nostra pazienza, che è un elemento davvero importante nella nostra vita.

La pazienza spirituale e ciò che le persone pensano sia la pazienza, sono due concetti molto differenti l'uno dall'altro. La gente in questo mondo sopporta con pazienza, ma questa è la pazienza carnale. Se hanno dei rancori, soffrono tanto cercando di reprimerli, stringendo i denti o addirittura smettendo di mangiare, e alla fine tutto questo porta solo ad avere problemi di nervosismo o depressione. Eppure dicono che queste persone, che riescono a sopprimere perfettamente i loro sentimenti, mostrano una grande pazienza. Ma questa non è affatto la pazienza spirituale.

Pazienza che non ha bisogno di essere paziente

La pazienza spirituale non significa essere pazienti con il male, ma esserlo solo con la bontà. Se si ha pazienza con la bontà, si possono superare le difficoltà con gratitudine e speranza e questo porterà ad avere un cuore più ampio. Al contrario, se si ha pazienza con il male, i rancori si accumulano e il cuore sarà sempre più ruvido.

Supponiamo che qualcuno vi stia maledicendo, causandovi dolore senza un motivo. Potreste sentirvi feriti nell'orgoglio o sentirvi una vittima oppure potreste anche reprimere questi sentimenti, pensando che dovete essere pazienti in accordo con la Parola di Dio. Ma arrossite e la respirazione diventa più veloce, stringendo le labbra e cercando di controllare pensieri ed emozioni. Se si sopprimono i sentimenti in questo modo, potrebbero sorgere in seguito se le cose peggiorano. Questa pazienza non è quella spirituale.

Se si è in possesso della pazienza spirituale, il cuore non sarà agitato da nulla, anche se si è ingiustamente accusati di qualcosa; basta provare a lasciare che gli altri siano a proprio agio pensando che magari ci sia stato una sorta di malinteso. Se si possiede un cuore di questo genere, non sarà necessario "resistere" o "perdonare" nessuno. Lasciate che vi faccia un semplice esempio.

In un fredda notte d'inverno, una casa aveva le luci accese a tarda ora. Il bambino che vi abitava aveva la febbre che stava salendo rapidamente verso i 40°. Il padre prese in braccio il bambino ed impregnò la sua T-shirt con acqua fredda. Quando gliela poggiò addosso, il bambino si scosse perché non gli piaceva, ma ricevette conforto tra le braccia del padre, anche se sentì il freddo della maglietta per un momento.

Il padre bagnò ripetutamente la sua T-shirt ogni volta che diventava calda a causa della febbre, fino al mattino. Ma questo non sembrò procurargli alcuna stanchezza, piuttosto si ritrovò a guardare il suo bambino con occhi innamorati mentre dormiva sicuro nelle sue braccia.

Seppur sveglio tutto la notte, non ebbe il tempo di lamentarsi per la fame o per la stanchezza. Non aveva avuto il tempo di pensare al proprio corpo, perché tutta la sua attenzione era concentrata sul bambino e su come poterlo far sentire meglio ed a proprio agio. Anche quando il bambino ha iniziato a star meglio, non ha pensato alla propria fatica. Quando amiamo qualcuno, siamo in grado di sopportare automaticamente disagi e fatica, e, pertanto, non avremmo bisogno di essere pazienti di nulla. Questo è il significato spirituale di "pazienza".

Il frutto della pazienza

Si parla della "pazienza" in 1 Corinzi capitolo 13, "Capitolo Amore", ossia la pazienza di coltivare l'amore. Ad esempio, si dice che l'amore non cerca se stesso. Al fine di rinunciare a ciò che vogliamo e cercare prima il bene degli altri, in sintonia con questa parola, ci troveremo ad affrontare situazioni che richiedono la nostra pazienza. La pazienza nel "Capitolo Amore" è la pazienza di coltivare l'amore.

Ma la pazienza, che è uno dei frutti dello Spirito Santo, è la pazienza in ogni cosa. Questa pazienza è ad un livello superiore rispetto alla pazienza dell'amore spirituale. Ci sono delle difficoltà quando cerchiamo di raggiungere un obiettivo, sia se è per il regno di Dio, sia per la santificazione personale. Ci saranno lutti e fatiche che ci faranno spendere tutte le nostre energie, ma riusciremo a sopportare pazientemente tutto con fede e amore, perché abbiamo la speranza di raccoglierne i frutti. Questa tipo di pazienza è uno dei frutti dello Spirito Santo.

Ci sono tre aspetti da considerare in questa pazienza.
Il primo è la pazienza di cambiare il nostro cuore.
Più male abbiamo nel cuore, tanto più difficile sarà essere

pazienti. Se abbiamo in noi rabbia, arroganza, avidità, ipocrisia e preconcetti, avremo umori e rancori che potrebbero venir fuori anche su questioni banali.

C'era un membro della chiesa il cui reddito mensile era di 15 mila dollari, ma in un dato mese, questo fu molto più basso e a malincuore si è lamentato con Dio. In seguito ha confessato che non era grato per l'abbondanza che aveva goduto perché aveva avidità nel proprio cuore.

Noi tutti dovremmo essere grati per tutto quello che Dio ci ha dato, anche se ciò non significa guadagnare tanto denaro. In questo modo, l'avidità non crescerà nei nostri cuori e saremo in grado di ricevere le benedizioni di Dio.

Appena abbandoniamo il male e diventiamo santificati, sarà sempre più facile essere pazienti. Saremo in grado di sopportare tranquillamente anche le situazioni più difficili ed in questo modo potremo solo capire e perdonare gli altri, senza dover reprimere nulla.

Luca 8:15 dice: *"E quello che è caduto in un buon terreno sono coloro i quali, dopo aver udito la parola, la ritengono in un cuore onesto e buono e portano frutto con perseveranza"*. Vale a dire, chi ha buon cuore come un buon terreno, può essere paziente fino a quando non porterà buoni frutti.

Tuttavia avremo ancora bisogno di resistenza e di metterci alla prova per cambiare i nostri cuori per far si che siano un buon terreno. La santità non si raggiunge automaticamente solo desiderandola. Dobbiamo noi stessi diventare obbedienti alla verità, pregando con fervore con tutto il nostro cuore e praticando il digiuno. Dobbiamo smettere di amare ciò che abbiamo amato un tempo, e se qualcosa non è utile spiritualmente, dobbiamo abbandonarla. Soprattutto, non dobbiamo mai fermarci a metà o smettere di cercare dopo aver provato un paio di volte. Fino a quando non raccoglieremo completamente i frutti della santificazione e fino a quando non raggiungeremo il nostro obiettivo, dobbiamo fare del nostro meglio con l'autocontrollo e agendo nella Parola di Dio.

La destinazione finale della nostra fede è il regno dei cieli, e soprattutto, la più bella dimora, la nuova Gerusalemme. Dobbiamo andare avanti con diligenza e pazienza fino a raggiungere la nostra destinazione.

Ma a volte vediamo casi in cui persone sperimentano un rallentamento nella velocità della santificazione nei loro cuori, anche dopo aver condotto una vita cristiana diligente.

Abbandonano le "opere della carne" in fretta perché sono i peccati visibili dall'esterno, ma poiché le "cose della carne" non si vedono all'esterno, la velocità di abbandono è rallentata. Quando trovano la menzogna in loro, pregano ardentemente affinché riescano a cacciarla, ma semplicemente dopo alcuni giorni non ci pensano più. Se desideriamo rimuovere completamente un'erbaccia, non dobbiamo solo toglierne le foglie, ma estirpare l'intera radice. Lo stesso principio vale per la natura peccaminosa: bisogna pregare e cambiare il nostro cuore fino in fondo, fino a quando si estirperà la radice della natura peccaminosa.

Quando ero un giovane credente, ho pregato per allontanare certi peccati, perché ho capito durante la lettura della Bibbia che Dio rifugge dagli attributi peccaminosi come l'odio, il temperamento collerico e l'arroganza. Quando con determinazione mi tenevo strette le mie prospettive egocentriche, non potevo liberare il mio cuore dall'odio e dal rancore. Ma nella preghiera, Dio mi ha dato la grazia di comprendere gli altri dal loro punto di vista, e tutti i miei rancori verso di loro si sono sciolti ed il mio odio è sparito.

Ho imparato ad avere pazienza nel gestire la mia rabbia. In una situazione in cui fui accusato ingiustamente, contai nella mia mente "uno, due, tre, quattro..." trovando le parole che volevo usare. In un primo momento era difficile gestire il mio carattere, ma continuando a provare, la mia rabbia e la mia irritabilità, gradualmente sono andate via. Alla fine, anche in una situazione in cui la mia rabbia veniva duramente messa alla prova, non vi era nulla che veniva fuori dalla mia mente.

Credo di averci impiegato tre anni per abbandonare l'arroganza. Quando ero solo un novizio della fede, non sapevo neanche cosa fosse l'arroganza, ma ho solo pregato affinché mi abbandonasse, continuando a controllare me stesso mentre pregavo. La conseguenza è stata che sono stato in grado di rispettare e onorare anche le persone che sembravano essere inferiori a me in molti aspetti. In seguito ho servito altri compagni pastori con lo stesso atteggiamento, sia se erano in posizioni di leadership, sia se erano stati semplicemente appena ordinati. Dopo aver pazientemente pregato per tre anni, mi sono reso conto che in me non c'era più nessun attributo arrogante, e da quel momento in poi non ho dovuto pregare più per questo.

Se non si estirpa la radice della natura peccaminosa, questo particolare attributo del peccato si presenterà in una situazione estrema, portando delusione perché ci si renderà conto che abbiamo ancora caratteristiche non veritiere nel cuore, che pensavamo di aver già abbandonato. Questo potrebbe scoraggiare portando a pensare, ad esempio "ho provato così duramente a liberarmene, ma è ancora lì nel mio profondo".

Fino a quando non sarà estirpata la radice peccaminosa, potremmo trovare in noi ancora forme di falsità, ma questo non significa che non stiamo progredendo nel nostro processo spirituale. Quando peliamo una cipolla, man mano che eliminiamo gli strati, ne vedremo altri venir fuori, ma se continuiamo a pelare, alla fine la cipolla scomparirà definitivamente. Lo stesso accade con la natura peccaminosa. Non bisogna scoraggiarsi soltanto perché non ce ne siamo liberati completamente. Bisogna avere pazienza fino in fondo e continuare con perseveranza, cercando di arrivare al momento in cui vedremo noi stessi completamente cambiati.

Alcune persone si scoraggiano se non ricevono subito benedizioni materiali quando iniziano ad agire nella Parola di Dio, perché pensano che non ricevono nulla in cambio, se non una perdita quando agiscono nella bontà. Altri si lamentano se non ricevono benedizioni, anche frequentando la chiesa con diligenza. Ovviamente non ci sono motivi per lamentarsi. Se non si ricevono benedizioni da Dio, il motivo è perché si pratica ancora la falsità e non ci si è liberati delle cose che Dio chiede a noi di abbandonare.

Il fatto che ci si lamenta dimostra che l'attenzione della propria fede è mal riposta. Se agiamo con bontà e fedeltà nella fede, non ci stancheremo. Più agiamo nel bene, più gioiosi diventiamo, tanto da voler continuare ad agire in bontà. Quando si inizia a santificarsi attraverso la fede in questo modo, l'anima prospera, tutte le cose iniziano ad andare per il meglio e si vivrà in buona salute.

Il secondo tipo di pazienza è quella tra gli uomini.
Quando si interagisce con persone che hanno educazione e personalità diverse, possono presentarsi diverse situazioni. In particolare questo accade in chiesa, luogo dove si riuniscono persone provenienti da diverse realtà con bagagli culturali diversi. Questo porta ad avere pensieri diversi, a partire da cose banali per finire a cose ben più grandi e gravi, con la conseguenza che la pace potrebbe venire minata.

La gente potrebbe dire, "Il suo modo di pensare è completamente diverso dal mio. È difficile per me lavorare con lui perché abbiamo personalità molto diverse". Ma anche tra marito e moglie, quante coppie hanno davvero personalità perfettamente congruenti? Le loro abitudini di vita e gusti sono diversi, ma devono cedere gli uni agli altri per essere complementari l'un l'altro.

Coloro che aspirano alla santificazione saranno pazienti in qualsiasi situazione con qualsiasi persona e manterranno la pace. Anche in alcune situazioni difficili e scomode, cercheranno di essere accomodanti verso gli altri. Capiscono gli altri con un cuore buono e resistono mentre cercano di procurare il bene agli altri. Anche quando qualcuno agisce con malvagità, semplicemente sopportano, ripagando il male che ricevono con la bontà.

Dobbiamo anche essere pazienti quando evangelizziamo o assistiamo le anime, o quando insegniamo alle persone che lavorano in chiesa a realizzare il regno di Dio. Mentre svolgo un ministero pastorale, vedo alcune persone i cui cambiamenti avvengono molto lentamente. Quando ritornano al mondo, girando le spalle a Dio, verso sempre molte lacrime in lutto, ma non vi è rinuncia a loro da parte mia e sopporto con loro perché ho la speranza che un giorno cambieranno.

Quando scelgo i lavoratori della chiesa, devo avere pazienza per molto tempo. Non posso dirigere tutti i subordinati solo costringendoli a fare quello che voglio. Anche se so che le cose saranno realizzate un po' più lentamente, non posso sottrarre loro le mansioni, dicendo: "Tu non sei sufficientemente capace. Sei licenziato". Sopporto con loro e li guido fino a quando saranno capaci, ed attendo cinque, dieci o quindici anni in modo che possano avere la possibilità di adempiere i loro doveri attraverso la formazione spirituale.

E non solo quando non portano alcun frutto, ma anche quando fanno cose sbagliate, io resisto con loro in modo che non inciampino. Potrebbe essere più semplice se un'altra persona, che abbia un minimo di capacità, lo faccia al posto loro, o se addirittura venisse sostituito con qualcuno che è più capace. Ma il motivo per cui devo sopportare fino alla fine per ciascuna anima è anche per realizzare il regno di Dio in modo più completo.

Se si semina il seme della pazienza in questo modo, certamente si otterrà il frutto secondo la giustizia di Dio. Ad esempio, se si ha tolleranza verso alcune anime, aspettando fino a che non cambiano, pregando per loro con le lacrime, si otterrà un cuore pieno, capace di nutrire tutti. Quindi, si riceverà l'autorità e il potere di far rivivere molte anime. Si otterrà il potere di cambiare le anime che si portano nel cuore attraverso la preghiera di un uomo giusto. Inoltre, se controllerete il vostro cuore e seminerete il seme della resistenza anche di fronte alle false accuse, Dio vi permetterà di raccogliere i frutti di benedizioni.

Il terzo è la pazienza del nostro rapporto con Dio.
Si riferisce alla pazienza che si dovrebbe avere fino a quando si riceverà la risposta alla nostra preghiera. Marco 11:24 dice: *"Perciò vi dico: tutte le cose che voi domanderete pregando, credete che le avete ricevute, e voi le otterrete"*. Se abbiamo fede, saremo in grado di credere a tutte le parole scritte nei sessantasei libri la Bibbia. Ci sono promesse di Dio che dicono che riceveremo ciò che chiediamo, quindi siamo in grado di realizzare qualsiasi cosa con la preghiera.

Ma, naturalmente, non significa che possiamo limitarci solo a pregare e non fare più nulla. Dobbiamo mettere in pratica la Parola di Dio in un modo tale da essere poi in grado di ricevere la risposta. Ad esempio, uno studente i cui voti lo classifichino a metà della sua classe, prega affinché diventi lui il miglior studente. Ma lui sogna ad occhi aperti mentre è in classe e non studia. Riuscirà a diventare il top nella sua classe? Si, ma deve studiare duro mentre prega duramente in modo che Dio possa aiutarlo a diventare il primo della classe.

Lo stesso vale per le aziende. Voi pregate sinceramente per la vostra azienda affinché cresca, ma il vostro reale obiettivo è quello di avere un'altra casa, investire nel settore immobiliare, e ottenere un auto di lusso. Potreste ricevere la risposta alla vostra preghiera? Naturalmente, Dio vuole che i Suoi figli vivano una vita in abbondanza, ma Dio non può essere soddisfatto attraverso le preghiere che chiedono cose per soddisfare la propria avidità. Se si desidera ricevere benedizioni per aiutare i bisognosi, sostenere le opere missionarie, se si segue la strada giusta senza fare qualcosa di illegale, Dio certamente vi guiderà sulla via delle benedizioni.

Ci sono molte promesse nella Bibbia con cui Dio risponde alle preghiere dei suoi figli. Ma in molti casi le persone non ricevono le loro risposte, perché non sono abbastanza pazienti. Gli uomini possono anche richiedere una risposta immediata, ma Dio non può rispondere immediatamente.

Dio risponde loro nel momento più opportuno e appropriato perché Lui sa tutto. Se il soggetto della loro richiesta di preghiera è qualcosa di grande e importante, Dio risponderà solo quando la quantità di preghiera sarà massima. Quando Daniele pregava per ricevere la rivelazione di cose spirituali, Dio mandò il suo angelo in risposta non appena Daniele cominciò a pregare. Ma ci sono voluti 21 giorni prima che Daniele si sia realmente incontrato con l'angelo. Per quei 21 giorni Daniele ha continuato a pregare con lo stesso cuore sincero di quando aveva iniziato. Se crediamo veramente che abbiamo già ricevuto qualcosa, allora non sarà difficile aspettare per riceverla. Ci sarà solo da pensare alla gioia che proveremo quando riceveremo effettivamente le soluzioni del problema.

Alcuni credenti non possono aspettare fino a quando non ricevono quello che chiedono nella preghiera a Dio. Possono pregare e digiunare per chiedere a Dio, ma se la risposta non arriva abbastanza in fretta, rinunciano e pensano che Dio non ha intenzione di rispondere.

Se davvero abbiamo creduto e pregato, non rinunceremo e non saremo sfiduciati. Non sappiamo quando la risposta arriverà: domani sera, dopo la prossima preghiera, o dopo un anno. Dio conosce il tempismo perfetto per darci la risposta.

Giacomo 1:6-8 dice: *"Ma la chieda con fede, senza dubitare; perché chi dubita è simile a un'onda del mare, agitata dal vento e spinta qua e là. Un tale uomo non pensi di ricevere qualcosa dal Signore, perché è di animo doppio, instabile in tutte le sue vie".*

L'unica cosa importante è come fermamente crediamo quando preghiamo. Se crediamo veramente che abbiamo già ricevuto una risposta, possiamo essere felici e contenti in ogni situazione. Se abbiamo la fede per ricevere la risposta, pregheremo e agiremo con fede fino a quando riceveremo il frutto nelle nostre mani. Inoltre, quando proviamo afflizioni del cuore o riceviamo persecuzioni mentre compiamo l'opera di Dio, possiamo sopportare i frutti della bontà solo attraverso la pazienza.

Pazienza dei padri della fede

Potremmo avere momenti difficili quando corriamo una maratona, ma la gioia di portarla a termine dopo averli superati è così grande da essere comprensibile solo da coloro che l'hanno già sperimentata. Anche i figli di Dio che corrono la gara della fede potrebbero trovarsi faccia a faccia con qualche difficoltà, ma essi possono superare qualsiasi cosa alzando lo sguardo verso Gesù. Dio darà loro la sua grazia e la forza, e anche lo Spirito Santo li aiuterà.

Ebrei 12:1-2 dice: *"Anche noi, dunque, poiché siamo circondati da una così grande schiera di testimoni, deponiamo ogni peso e il peccato che così facilmente ci avvolge, e corriamo con perseveranza la gara che ci è proposta, fissando lo sguardo su Gesù, colui che crea la fede e la rende perfetta. Per la gioia che gli era posta dinanzi egli sopportò la croce, disprezzando l'infamia, e si è seduto alla destra del trono di Dio".*

Gesù ha sofferto grandi quantità di disprezzo e burle da parte delle Sue creature fino a quando Egli adempì la provvidenza di salvezza, ma poiché sapeva che stava andando a sedersi alla destra del trono di Dio e che la salvezza sarebbe stata data al genere umano, ha sopportato fino alla fine senza pensare alla vergogna fisica. Dopo tutto, è morto sulla croce prendendo i peccati dell'umanità, ma è resuscitato il terzo giorno per aprire la via della salvezza. Dio ha stabilito Gesù come il Re dei re e Signore dei signori poiché Lui obbedì fino alla morte con l'amore e la fede.

Giacobbe era un nipote di Abramo e divenne il padre della nazione di Israele. Aveva un cuore tenace. Prese il diritto di nascita di suo fratello Esaù barando e fuggì a Aran per poi ricevere la promessa di Dio in Betel.

Genesi 28:13-15 dice: *"La terra sulla quale tu stai coricato, io la darò a te e alla tua discendenza. La tua discendenza sarà come la polvere della terra e tu ti estenderai a occidente e a oriente, a settentrione e a meridione, e tutte le famiglie della terra saranno benedette in te e nella tua discendenza. Io sono con te, e ti proteggerò dovunque tu andrai e ti ricondurrò in questo paese, perché io non ti abbandonerò prima di aver fatto quello che ti ho detto".* Giacobbe sopportò per 20 anni le prove e alla fine divenne il padre di tutti i figli d'Israele.

Giuseppe era l'undicesimo figlio di Giacobbe, e tra tutti i fratelli, riceveva da solo tutto l'amore di suo padre. Un giorno fu venduto come schiavo in Egitto per mano dei suoi stessi fratelli. Divenne uno schiavo in un paese straniero, ma non era per questo sfiduciato. Fece del suo meglio nel suo lavoro e fu riconosciuto dal suo padrone per la sua fedeltà. La sua situazione migliorò prendendosi cura di tutti i membri della famiglia del suo padrone, ma fu ingiustamente accusato e messo in una prigione politica. Fu sottoposto ad un prova dopo l'altra.

Naturalmente, tutti i passi erano grazia di Dio, parte di un processo per prepararlo a diventare il primo ministro d'Egitto. Ma nessuno lo sapeva, tranne Dio. Tuttavia Giuseppe non si fece prendere dalla scoramento neanche in carcere, perché aveva fede e credeva alla promessa che Dio gli aveva dato nella sua infanzia. Credeva che Dio avrebbe realizzato il suo sogno in cui il sole, la luna e undici stelle nel cielo si fossero prostrate a lui, senza che lui barcollasse in alcuna situazione. Aveva fiducia in Dio completamente, ed ha sopportato in ogni situazione, seguendo la strada giusta secondo la Parola di Dio. La sua fede era vera fede.

E se voi foste stati nella stessa situazione? Potete immaginare quello che ha provato per 13 anni dal giorno in cui fu venduto come schiavo? Probabilmente avreste pregato tanto al cospetto di Dio per uscire da quella situazione. Probabilmente guardereste in voi stessi per pentirvi di tutte quelle cose che pensate siano utili per ottenere le risposte da Dio. Chiedereste anche la grazia di Dio versando tante lacrime e con parole ardenti. Ma se non si ricevono riposte per uno, due o dieci anni, anzi si ricevono ancora più difficoltà, come vi sentireste?

Fu imprigionato durante gli anni più vigorosi della sua vita e quando vide i giorni che passavano inutilmente avrebbe potuto sentirsi infelice se non avesse avuto la fede che aveva. Se avesse pensato alla bella vita nella casa di suo padre, si sarebbe sentito ancora più miserabile. Ma Giuseppe aveva sempre fiducia in Dio che lo stava guardando, e credeva fermamente nel suo amore, che dà il meglio al momento giusto. Non ha mai perso la speranza anche nelle prove peggiori, e ha agito con fedeltà e bontà essendo paziente, fino a quando finalmente il suo sogno si è avverato.

Davide è stato anche riconosciuto da Dio come un uomo secondo il cuore di Dio. Ma anche dopo essere stato unto come il prossimo re, dovette passare attraverso tante prove compresa quella di essere inseguito dal re Saul. Si è trovato vicino alla morte in tante situazioni, ma ha sopportando tutto con la fede ed è diventato un grande re, in grado di regnare su tutto Israele.

Giacomo 1:3-4 dice: *"sapendo che la prova della vostra fede produce costanza. E la costanza compia pienamente l'opera sua in voi, perché siate perfetti e completi, di nulla mancanti"*. Vi esorto a coltivare completamente questa pazienza. Quella pazienza che aumenterà la vostra fede e amplierà e approfondirà il vostro cuore per renderlo più maturo. Proverete le benedizioni e le risposte di Dio che Egli ha promesso, se realizzerete completamente la pazienza (Ebrei 10:36).

Pazienza per entrare nel regno celeste

Abbiamo bisogno di pazienza per entrare nel regno dei cieli. Alcuni dicono che si godono il mondo quando sono giovani e iniziano a frequentare la chiesa quando diventano vecchi. Alcuni altri conducono una vita diligente di fede nella speranza della venuta del Signore, ma poi perdono la pazienza e cambiano idea. Poiché il Signore non viene così rapidamente come si aspettano, sentono che è troppo difficile continuare ad essere diligenti nella fede. Dicono che prenderanno un periodo di riposo dal circoncidere il loro cuore e dal fare opere di Dio, e quando saranno sicuri di vedere il segno della venuta del Signore, solo allora proveranno con forza.

Ma nessuno sa quando Dio chiamerà il nostro spirito, o quando il Signore verrà. Anche se siamo in grado di sapere quel tempo in anticipo, non possiamo avere fede tanto quanto noi vogliamo. Gli uomini non possono solo avere la fede spirituale di ricevere la salvezza proprio come essi vogliono. Questo è dato solo dalla grazia di Dio. Satana non permetterà così facilmente che essi ricevano la salvezza. Inoltre se avete la speranza di andare nella Nuova Gerusalemme del Cielo, potete, già da oggi, fare le cose con pazienza.

Salmi 126:5-6 recita: *"Quelli che seminano con lacrime, mieteranno con canti di gioia. Se ne va piangendo colui che porta il seme da spargere, ma tornerà con canti di gioia quando porterà i suoi covoni".* Ci devono essere certamente i nostri sforzi, le lacrime e il lutto mentre seminiamo i semi e li vediamo crescere. A volte, la pioggia necessaria potrebbe non venire, o ci potrebbero essere uragani, o troppa pioggia che danneggia le colture. Ma alla fine, ci sarà sicuramente la gioia per un abbondante raccolto secondo le regole della giustizia.

Dio attende mille anni come se fossero un giorno per avere veri figli ed ha sopportato con dolore quando ha dato il Suo unigenito Figlio per noi. Il Signore sopportò la sofferenza della croce, e lo Spirito Santo sopporta con gemiti inesprimibili durante il tempo della coltivazione umana. Spero che coltiviate con una piena pazienza spirituale, ricordando questo amore di Dio in modo da ricevere i frutti delle benedizioni, sia su questa terra sia in cielo.

Luca 6:36

"Siate misericordiosi come è misericordioso anche il Padre vostro".

Contro queste cose non c'è legge

Capitolo 6

Mansuetudine

Comprendere e perdonare gli altri con il frutto della mansuetudine

Cercare di avere il cuore e le azioni come quelle del Signore

Liberarsi del pregiudizio per avere la mansuetudine

Misericordia per chi è in difficoltà

Non sottolineare con facilità le mancanze altrui

Siate generosi con tutti

Riconoscere l'onore di altri

Mansuetudine

A volte la gente dice che non riesce a capire una certa persona, anche se si è cercato di farlo, o che anche se si è provato a perdonare qualcuno, non ci si riesce. Ma se abbiamo portato il frutto della bontà del nostro cuore, non c'è nulla che non possiamo capire e non c'è nessuno che non possiamo perdonare. Saremo in grado di comprendere qualsiasi persona con bontà e accetteremo chiunque con l'amore. Non diremo che ci piace una persona per certi motivi e non ci piace un'altra per altri. Non avremmo antipatia né odieremo nessuno. Non saremo in cattivi rapporti con qualcuno, non nutriremo rancore nei confronti di chiunque e non parleremo di avere nemici.

Comprendere e perdonare gli altri con il frutto della mansuetudine

La mansuetudine è la qualità o lo stato di essere gentile. Ma il significato spirituale della mansuetudine è un po' più vicino alla misericordia. E il significato spirituale di misericordia è "capire nella verità anche quelli che non sono compresi dagli altri". È anche il cuore che è in grado di perdonare nella verità coloro che non possono essere perdonati dagli uomini. Dio mostra la compassione verso gli uomini con un cuore di misericordia.

Salmi 130:3 dice: *"Se tieni conto delle colpe, Signore, chi potrà resistere?"* Come scritto, se Dio non ha pietà e giudica noi secondo giustizia, nessuno sarebbe in grado di stargli davanti. Ma Dio ha perdonato e accettato anche quelli che non potevano essere né perdonati né accettati se la giustizia fosse applicata rigorosamente. Inoltre, Dio ha dato la vita del suo unico Figlio per salvare questi uomini dalla morte eterna. Poiché siamo diventati figli di Dio credendo nel Signore, Dio vuole che noi coltiviamo questo cuore di misericordia. Per questo motivo, Dio dice in Luca 6:36, *"Siate misericordiosi come è misericordioso anche il Padre vostro"*.

Questa misericordia è in qualche modo simile all'amare, ma per certi aspetti è anche diversa. L'amore spirituale significa essere in grado di sacrificarsi per gli altri, senza ricevere una ricompensa in cambio, mentre la misericordia è più intesa come perdono e accettazione. Vale a dire, significa essere in grado di accettare e abbracciare tutto di una persona e non fraintendere o odiarla, anche se non è degna di ricevere una qualsiasi forma di amore. Non odiare o evitare qualcuno solo perché le sue opinioni sono diverse dalle proprie, quando invece si può diventare forza e conforto per lui. Se avete un cuore caldo pronto ad accettare gli altri, non dovreste rivelare le loro iniquità o malefatte ma coprirle e accettarle in modo da poter avere un buon rapporto con loro.

C'è stato un evento che ha rivelato questo cuore di misericordia in maniera molto vivida. Un giorno Gesù dopo aver pregato tutta la notte al monte degli Ulivi, si recò al tempio di mattina. Molte persone si sono raccolte intorno a Lui dopo che si sedette; subito si manifestò un subbuglio su come Egli predicava la Parola di Dio. Alcuni scribi e farisei, tra la folla, portarono una donna davanti a Gesù, che tremava di paura.

Dissero a Gesù che la donna era stata sorpresa in azione di adulterio, e gli chiesero che cosa avrebbe fatto visto che la legge dice che una donna deve essere lapidata a morte. Se Gesù avesse detto di lapidarla, non sarebbe stato conforme ai suoi insegnamenti in cui diceva "Amate i vostri nemici". Se avesse detto di perdonarla, avrebbe violato la legge. Pare che Gesù fosse stato messo in una situazione molto difficile da gestire. Ma Egli, invece, scrisse solo qualcosa per terra e disse, come riportato in Giovanni 8:7 *"Chi di voi è senza peccato, scagli per primo la pietra contro di lei"*. La gente ebbe rimorsi di coscienza e uno ad uno si allontanarono. Alla fine rimasero solo Gesù e la donna.

In Giovanni 8:11 Gesù le disse: *"Neppure io ti condanno; va' e da ora in poi non peccare più"*. Dicendo: "Io non ti condanno", significa che Egli la perdonò. Gesù perdonò una donna che non poteva essere perdonata, dandole la possibilità di allontanarsi dai suoi peccati. Questo è il cuore della misericordia.

Cercare di avere il cuore e le azioni come quelle del Signore

La misericordia è perdonare veramente e amare anche i nemici. Proprio come una madre ama il suo bambino appena nato, noi dovremmo accettare e abbracciare tutti. Anche quando le persone hanno gravi colpe o hanno commesso peccati gravi, per prima cosa dobbiamo avere pietà invece di giudicarle e poi condannarle. Dovremmo odiare i peccati, ma non il peccatore, cercando di capire quella persona, provando a lasciarla viva.

Supponiamo che ci sia un bambino con un corpo molto fragile, che si ammala spesso. Come potrebbe sentirsi la madre nei confronti di questo bambino? Non si chiederebbe perché sia nato in quel modo e perché le dà tante difficoltà. Non odierebbe il figlio a causa di ciò. Vorrebbe più amore e compassione verso di lui rispetto agli altri bambini che sono sani.

C'era una madre il cui figlio aveva un ritardo mentale. Fino al raggiungimento dell'età di venti anni la sua età mentale era stata quella di un bambino di due anni, e la madre non riusciva a staccargli gli occhi di dosso. Tuttavia, non ha mai pensato che fosse difficile prendersi cura di suo figlio. Provava simpatia e compassione per suo figlio mentre si prendeva cura di lui. Se sopportiamo questo tipo di frutto della misericordia completamente, avremo misericordia non solo per i nostri figli, ma per tutti.

Gesù predicava il Vangelo del Regno dei Cieli durante il Suo ministero pubblico. Il suo pubblico principale non erano i ricchi e potenti ma coloro che erano poveri, trascurati, o coloro che erano considerate peccatori, come i pubblicani e le prostitute.

Lo stesso è accaduto quando Gesù ha scelto i suoi discepoli. La gente può essere portata a pensare che sarebbe stato saggio sceglierli tra coloro che avevano una certa familiarità con la Legge di Dio, perché sarebbe stato più facile insegnare loro la Parola di Dio. Ma Gesù non ha scelto queste persone. Come suoi discepoli scelse Matteo, che era un esattore e Pietro, Andrea, Giacomo e Giovanni che erano pescatori.

Anche Gesù guarì varie malattie. Un giorno ha guarito una persona che era malato da 38 anni e in attesa del movimento delle acque presso la piscina di Bethesda. Viveva nel dolore senza avere alcuna speranza di vita, ma nessuno prestò attenzione a lui. Ma Gesù è venuto a lui e gli chiese: "Vuoi guarire?" E lo guarì.

Inoltre Gesù ha guarito una donna che sanguinava da dodici

anni. Aprì gli occhi di Bartimeo, che era un mendicante cieco (Matteo 9:20-22; Marco 10:46-52). Sulla strada verso una città chiamata Nain, vide una vedova il cui unico figlio era morto. Ebbe pietà di lei e le fece rivivere il figlio morto (Luca 7:11-15). Oltre a questi, ha curato gli oppressi. Divenne amico di negletti quali pubblicani e peccatori.

Alcuni lo hanno criticato perché stava mangiando con i peccatori, dicendo: *"Perché il vostro maestro mangia con i pubblicani ed i peccatori?"* (Matteo 9:11) Ma Gesù, avendoli uditi, disse: *"Non sono i sani che hanno bisogno del medico, ma i malati. Ora andate e imparate che cosa significhi: 'Voglio misericordia e non sacrificio'; poiché io non sono venuto a chiamare dei giusti, ma dei peccatori"*. Egli ci ha insegnato il cuore di compassione e misericordia per i peccatori e gli ammalati.

Gesù non è venuto solo per i ricchi e i giusti, ma soprattutto per i poveri, gli ammalati e peccatori. Saremo in grado di sopportare il frutto della misericordia solo dopo aver compreso il cuore e le opere di Gesù. Ora, cerchiamo di approfondire ciò che dobbiamo fare in particolare per portare il frutto della misericordia.

Liberarsi del pregiudizio per avere la mansuetudine

Le persone mondane spesso giudicano il prossimo dalle apparenze. I loro atteggiamenti verso le persone cambiano a seconda che si tratti o meno di persone ricche o famose. I figli di Dio non devono giudicare le persone o cambiare i loro atteggiamenti del cuore solo a causa delle apparenze. Dobbiamo considerare anche i bambini o quelli che sembrano essere inferiori come se fossero migliori di noi stessi e servirli con il cuore del Signore.

Giacomo 2:1-4 dice: *"Fratelli miei, la vostra fede nel nostro Signore Gesù Cristo, il Signore della gloria, sia immune da favoritismi. Infatti, se nella vostra adunanza entra un uomo con un anello d'oro, vestito splendidamente, e vi entra pure un povero vestito malamente, e voi avete riguardo a quello che veste elegantemente e gli dite: 'Tu, siedi qui al posto d'onore'; e al povero dite: 'Tu, stattene là in piedi', o 'siedi in terra accanto al mio sgabello', non state forse usando un trattamento diverso e giudicando in base a ragionamenti malvagi?"*

Inoltre, 1 Pietro 1:17 dice: *"E se invocate come Padre colui che giudica senza favoritismi, secondo l'opera di ciascuno, comportatevi con timore durante il tempo del vostro soggiorno terreno"*.

Se portiamo il frutto della misericordia, non giudichiamo o condanniamo gli altri per le loro apparenze. Dobbiamo anche verificare se abbiamo pregiudizi o favoritismi in senso spirituale, perché ci sono alcune persone che sono lente nel capire le questioni spirituali, altri hanno alcune carenze del corpo, tali che possano parlare o fare alcune cose che sono fuori contesto in certe situazioni; altri ancora si comportano in un modo che non è conforme con i modi del Signore.

Quando vedete o interagire con le persone, non vi sentite un po' frustrati? Non avete guardato verso il basso o voluto evitare loro in una certa misura? Avete causato agli altri imbarazzo con le vostre parole aggressive o con atteggiamenti maleducati?

Inoltre, alcuni parlano e condannano altri come se fossero nella posizione di un giudice quando quella persona ha commesso un peccato. Quando la donna che aveva commesso adulterio è stata portato da Gesù, molti hanno puntato il dito contro di lei in giudizio e condanna. Ma Gesù non l'ha condannata, anzi le ha dato una possibilità di salvezza. Se si dispone di un cuore di misericordia, allora si avrà compassione per coloro che ricevono punizioni per i loro peccati, sperando che essi li superino.

Misericordia per chi è in difficoltà

Se siamo misericordiosi, avremo pietà di coloro che sono in difficoltà e godremo nell'aiutarli, non solo proveremo pietà nei nostri cuori per loro dicendo: "Coraggio sii forte!" Noi in realtà daremo loro aiuto.

1 Giovanni 3:17-18 dice: *"Ma se qualcuno possiede dei beni di questo mondo e vede suo fratello nel bisogno e non ha pietà di lui, come potrebbe l'amore di Dio essere in lui? Figlioli, non amiamo a parole né con la lingua, ma con i fatti e in verità"*. Inoltre, Giacomo 2:15-16 dice: *"Se un fratello o una sorella non hanno vestiti e mancano del cibo quotidiano, e uno di voi dice loro: 'Andate in pace, scaldatevi e saziatevi', ma non date loro le cose necessarie al corpo, a che cosa serve?"*

Non si deve pensare, "E' un peccato che sta morendo di fame, ma non posso davvero fare nulla perché ne ho appena a sufficienza per me". Se senti veramente pietà con un cuore vero, è possibile che tu condivida o addirittura dia la tua parte. Se si pensa che la propria situazione non consenta di aiutare nessun'altra persona, sarà molto improbabile che questi, se diventasse ricca, lo faccia a sua volta.

Questo non riguarda solo le cose materiali. Quando si vede qualcuno che soffre per qualcosa, si dovrebbe voler essere di aiuto e condividere il dolore con quella persona. Questa è la misericordia. In particolare, ci si dovrebbe prender cura per coloro che cadono nell'inferno perché non credono nel Signore, provando a fare il possibile per condurli alla via della salvezza.

Nella Chiesa Centrale di Manmin, fin dalla sua apertura, ci sono state grandi opere della potenza di Dio. Ancora oggi chiedo una maggiore potenza e dedico tutta la mia vita per manifestare quel potere. Questo perché ho sofferto io stesso la povertà e ho pienamente sperimentato il dolore di perdere la speranza a causa delle malattie. Quando vedo persone che soffrono di questi problemi, sento il loro dolore come un mio dolore, e voglio aiutare loro nel miglior modo possibile.

Il mio desiderio è quello di risolvere i loro problemi, mettendoli in salvo dalle pene dell'inferno, conducendoli in Paradiso. Ma come posso da solo aiutare così tante persone? La risposta che ho ricevuto a questa mia domanda, è il potere di Dio. Anche se io non riesco a risolvere tutti i problemi relativi alla povertà, alle malattie e tante altre cose che affliggono gli altri, posso aiutarli a soddisfare e sperimentare Dio. È per questo che sto cercando di manifestare una maggiore potenza di Dio, in modo che più persone possano incontrare e sperimentare Dio.

Naturalmente, mostrare la potenza non è il completamento del processo di salvezza. Anche se iniziano ad avere fede nel vedere il potere, dobbiamo prenderci cura di loro fisicamente e spiritualmente fino a che non si consolidano totalmente nella fede. Ecco perché ho fatto del mio meglio per fornire aiuto ai bisognosi, anche quando la nostra chiesa stessa aveva difficoltà finanziarie. Ed è stato grazie a questo che hanno potuto marciare verso il Cielo con più forza. Proverbi 19:17 dice: *"Chi ha pietà del povero presta al Signore, che gli contraccambierà l'opera buona"*. Se ci si prende cura delle anime con il cuore del Signore, Dio certamente ricambierà con la sua benedizione.

Non sottolineare con facilità le mancanze altrui

Se amiamo qualcuno, dobbiamo dargli a volte dei consigli, altre rimproverarlo. Se i genitori non sgridano affatto i figli, ma gli perdonano tutto ogni volta solo perché li amano, allora i bambini cresceranno viziati. Ma se abbiamo la misericordia non possiamo con facilità, punire, rimproverare o segnalare carenze. Quando ci limitiamo a dare una parola di consiglio, lo faremo con la mente devota e con la cura per il cuore di quella persona. Proverbi 12:18 dice: *"C'è chi, parlando senza riflettere, trafigge come spada, ma la lingua dei saggi procura guarigione"*. I pastori e leader, in particolare, che stanno insegnando ai credenti devono tenere queste parole in mente.

Si può facilmente dire, "Hai un cuore non veritiero, e questo non piace a Dio. Hai questa lacuna, e non sei amato a causa di questo". Anche se quello che dici è vero, se fai notare i difetti dal tuo personale punto di vista di giustizia ma senza amore, questo non porterà vita. Gli altri non cambieranno a seguito dei consigli ricevuti, anzi, saranno feriti nei loro sentimenti, scoraggiandosi e perdendo forza.

A volte, alcuni membri della chiesa mi chiedono di indicargli le loro carenze in modo che possano rendersene conto e cambiare se stessi. Se inizio con molta cautela a dire qualcosa, interrompono le mie parole per spiegare i loro punti di vista. Per questa ragione non posso davvero dare loro qualche consiglio. Dare un consiglio non è comunque una cosa facile. In quel momento lo accettano e ringraziano, ma se perdono la pienezza dello Spirito, nessuno sa cosa accadrà nel loro cuore.

A volte devo sottolineare le cose al fine di realizzare il regno di Dio o per consentire alla gente di ricevere la soluzione ai loro problemi. Guardo l'umore sui loro volti con la mente nella preghiera, sperando che non si offendano o si scoraggino.

Naturalmente, quando Gesù rimproverò i farisei e gli scribi con parole forti, questi non furono in grado di accettare il suo consiglio. Gesù stava dando loro una possibilità, tale che anche solo uno di loro lo potesse ascoltare per pentirsi. Inoltre, poiché erano i maestri del popolo, Gesù voleva che la gente arrivasse a comprendere e non che fosse ingannata dalla loro ipocrisia. Tranne casi particolari, non si devono usare parole che potrebbero offendere i sentimenti altrui o scoprire le loro iniquità in modo che facciano un passo falso. Quando si devono dare consigli perché è assolutamente necessario, lo si dovrebbe fare con amore, pensando dal loro punto di vista e con dovuta cura per quell'anima.

Siate generosi con tutti

La maggior parte delle persone in qualche modo possono

generosamente dare ciò che hanno a coloro che amano. Anche coloro che sono avari possono dare o fare regali agli altri se sanno di poter ricevere qualcosa in cambio. In Luca 6:32 si legge: *"Se amate quelli che vi amano, quale grazia ne avete? Anche i peccatori amano quelli che li amano"*. Possiamo sopportare il frutto della misericordia solo quando possiamo dare senza volere nulla in cambio.

Gesù infatti sapeva fin dall'inizio che Giuda lo avrebbe tradito, ma Egli lo trattò allo stesso modo in cui trattava gli altri discepoli. Gli diede ancora e ancora tante occasioni per permettergli di tornare indietro e pentirsi. Anche quando fu crocifisso, Gesù ha pregato per coloro che lo stavano crocifiggendo. in Luca 23:34 dice: *"Padre, perdona loro, perché non sanno quello che fanno"*. Questa è la misericordia con cui possiamo perdonare anche chi non potrebbe essere perdonato affatto.

Nel libro degli Atti, troviamo anche Stefano che portava il frutto della misericordia. Non era un apostolo, ma era pieno di grazia e potenza di Dio. Grandi segni e prodigi hanno avuto luogo per mezzo di lui. Coloro che non credevano a questi atti hanno provato a discutere con lui, ma quando egli ha risposto con la sapienza di Dio nello Spirito Santo, non hanno potuto controbattere. Si dice che la gente abbia visto il suo viso simile a quello di un angelo (Atti 6:15).

Gli ebrei provavano rimorsi di coscienza mentre ascoltavano il sermone di Stefano, e alla fine lo hanno portato fuori della città e lo hanno lapidato. Anche mentre stava morendo, ha pregato per coloro che lanciavano le pietre contro di lui dicendo: *"Signore, non imputare loro questo peccato"* (Atti 7:60). Questo ci dimostra che egli aveva già perdonato. Non provava odio nei loro confronti, aveva solo il frutto della misericordia che gli permetteva di averne compassione. Stefano ha potuto manifestare tali grandi opere perché aveva un cuore del genere.

Quindi, hai coltivato nel miglior dei modi questo tipo di cuore? C'è ancora qualcuno che non ti piace o qualcuno che non è in buoni rapporti con te? Dovreste essere in grado di accettare e abbracciare gli altri, anche se il loro carattere e le loro opinioni non sono da voi condivise. Bisognerebbe prima di tutto immedesimarsi in quella persona e pensare secondo il suo punto di vista ed a questo punto modificare i sentimenti di antipatia nei suoi confronti.

Se solo pensate, "Perché mai l'ha fatto? Proprio non lo capisco", avrete solo rancore e sensazioni sgradevoli quando poi lo incontrerete. Ma se si riesce a pensare, "Ah, nella sua posizione può fare quello che ha fatto" a questo punto è possibile modificare i sentimenti di antipatia. Ora, avrete quindi pietà di quella persona che non può comportarsi diversamente, e pregherete per lui.

Appena cambierete i vostri sentimenti ed in vostri pensieri in questo modo, sarà possibile tirare fuori da voi stessi, uno ad uno i sentimenti malvagi e l'odio. Se resterete fermi ed insisterete con la vostra testardaggine, non sarà possibile accettare gli altri, né sarà possibile abbandonare l'odio e i sentimenti duri. Bisognerebbe allontanare l'ipocrisia e cambiare il modo di pensare ed i sentimenti in modo tale da poter accettare e servire qualsiasi tipo di persona.

Riconoscere l'onore di altri

Al fine di portare il frutto della misericordia, dobbiamo riconoscere l'onore degli altri quando qualcosa è fatta bene, e dovremmo accettare la colpa quando qualcosa va storto. Quando l'altra persona riceve tutto il riconoscimento e viene lodato più di noi, anche se si è lavorato insieme, è possibile gioire con lui come se la sua felicità fosse la nostra. Non proveremo alcun disagio nel pensare che abbiamo lavorato più della persona che è lodata anche se ha molte lacune. Sarete solo grati pensando che questa persona avrà più fiducia e lavorerà di più dopo essere stata lodata.

Se una madre fa qualcosa con suo figlio, e solo il bambino riceve la ricompensa, come dovrebbe sentirsi la madre? Non ci dovrebbero essere madri che si lamentano dicendo che hanno aiutato i propri figli a fare quel determinato lavoro correttamente, non ottenendo alcuna ricompensa. Inoltre, è piacevole per una madre sentirsi dire che lei è bella, ma lei sarebbe più felice se la gente dicesse questo di sua figlia.

Se abbiamo il frutto della misericordia, possiamo mettere qualsiasi altra persona davanti a noi e attribuire ad essa il merito, gioendo insieme come se avessero elogiato noi. La misericordia è la caratteristica di Dio Padre, che è pieno di compassione e di amore. Non solo la misericordia, ma ciascuno dei frutti dello Spirito Santo è anche il cuore del Dio perfetto. Amore, gioia, pace, pazienza, e tutti gli altri frutti sono i diversi aspetti del cuore di Dio.

Pertanto, per portare i frutti dello Spirito Santo significa che dobbiamo sforzarci di avere il cuore di Dio in noi e di essere perfetti come Dio è perfetto. Più maturano in voi i frutti spirituali, più belli diventate e Dio non sarà in grado di contenere il suo amore per voi. Egli gioirà per voi dicendo che i suoi figli e le sue figlie gli somigliano così tanto. Se si diventa figlio di Dio che piacciono a Lui, sarà possibile ricevere qualunque cosa chiederete nella preghiera, ed anche le cose che sono appena entrate nel vostro cuore, Dio le riconoscerà e vi darà le risposte. Spero che tutti voi portiate i frutti dello Spirito Santo completamente e piacciate a Dio in ogni cosa che fate, in modo tale da essere traboccanti di benedizioni e godere di un grande onore nel regno dei Cieli, come i bambini che somigliano così tanto a Dio.

Filippesi 2:5

"Abbiate in voi lo stesso sentimento che è stato anche in Cristo Gesù".

Contro queste cose non c'è legge

Capitolo 7

Bontà

Il frutto della bontà
Cercare la bontà secondo i desideri dello Spirito Santo
Scegliere bene in tutte le cose, come il buon samaritano
Non litigare o vantarsi in qualsiasi situazione
Non frantumare una canna rotta o spegnere il lucignolo fumigante
Potenza di seguire la bontà nella verità

Bontà

Una notte, un giovane con abiti logori andò da una coppia di anziani per vedere una stanza da prendere in affitto. La coppia ebbe pietà di lui e gli affittò la stanza, ma questo giovane non andava mai a lavorare, passando le giornate a bere. In casi come questo, la maggior parte delle persone lo avrebbero messo alla porta, pensando che mai sarebbe stato in grado di pagare. Invece, questa coppia di anziani di tanto in tanto gli dava cibo, incoraggiandolo mentre predicavano il Vangelo. I loro atti d'amore lo toccarono perché veniva trattato come se fosse il proprio figlio. Finalmente accettò Gesù e divenne un uomo nuovo.

Il frutto della bontà

Amare anche gli emarginati sociali fino in fondo, senza arrendersi è segno di bontà. Il frutto della bontà non è solo sopportare nel cuore, ma è anche la rivelazione nelle azioni come nel racconto della coppia di anziani.

Se portiamo il frutto della bontà, sprigioneremo il profumo di Cristo ovunque. La gente intorno a noi sarà toccata vedendo le nostre opere buone e tutti renderanno gloria a Dio.

La "Bontà" è la qualità di essere gentile, premuroso, di buon cuore, virtuoso. In senso spirituale, tuttavia, è il cuore che cerca il bene nello Spirito Santo, che è il bene nella verità. Se portiamo pienamente questo frutto di bontà, avremo il cuore del Signore, che è puro e senza macchia.

A volte, anche i non credenti che non hanno ricevuto lo Spirito Santo seguono, in una certa misura, la bontà nella loro vita. Le persone mondane discernono e giudicano se una cosa è buona o cattiva secondo coscienza. In assenza di rimorsi di coscienza, pensano di essere buoni e giusti. Ma la coscienza è diversa da persona a persona. Per comprendere la bontà come frutto dello Spirito, dobbiamo prima comprendere la coscienza delle persone.

Cercare la bontà secondo i desideri dello Spirito Santo

Alcuni nuovi credenti potrebbero giudicare le prediche secondo la propria scienza e coscienza, dicendo: "Questa frase non è in accordo con questa teoria scientifica". Ma mentre crescono nella fede e conoscenza della Parola di Dio, realizzano che il loro criterio di giudizio non è corretto.

La coscienza è il criterio di discernere tra il bene e il male, che si basa sul fondamento della propria natura e che dipende dal tipo di energia vitale con la quale si nasce e dall'ambiente in cui si è coltivata. Quei bambini che ricevono una buona energia vitale sono relativamente buoni di natura. Inoltre, le persone che sono cresciute in un buon ambiente, vedono e sentono molte cose buone che sono suscettibili di formare buone coscienze. D'altra parte, se uno nasce con tante nature malvagie ereditate dai propri genitori ed è in contatto con molte cose cattive, la sua natura e la coscienza sono suscettibili di diventare malvagie.

Ad esempio, i bambini che sono cresciuti nell'onestà avranno scrupoli di coscienza quando diranno una bugia. Ma quei bambini che vengono allevati tra bugiardi sentiranno come un cosa naturale l'azione di mentire. Non avranno nemmeno la necessità di pensare che mentono. Nel pensare che va bene mentire, le loro coscienze sono macchiate con il male, tanto da non avere rimorsi.

Inoltre, anche se più bambini sono allevati dagli stessi genitori nello stesso ambiente, accettano le cose in modo differente l'uno dall'altro. Alcuni ubbidiranno ai genitori, altri avranno una volontà molto forte e tenderanno a non obbedire. Quindi, anche se i fratelli sono allevati dagli stessi genitori, le loro coscienze si formeranno in modo diverso.

Le coscienze si formano in modo diverso a seconda dei valori sociali ed economici in cui crescono. Ogni società ha un sistema di valori diverso e lo standard di 100 anni fa, 50 anni fa, e quello di oggi sono tutti diversi. Ad esempio, quando si usava avere schiavi, non si pensava di essere in errore se si picchiavano o li si costringevano a lavorare. Solo fino a circa 30 anni fa, era socialmente inaccettabile per le donne esporre il proprio corpo nelle trasmissioni radiotelevisive pubbliche. Come accennato, le coscienze si formano in maniera diversa a seconda dell'individuo, dell'ambito e del tempo. Coloro che pensano di seguire la propria coscienza non fanno altro che seguire quello che pensano sia buono. Tuttavia, non potranno certo affermare che agiscono in assoluta bontà.

Ma noi che siamo credenti in Dio non abbiamo gli stessi criteri nella distinzione tra il bene e il male. Come criterio abbiamo la Parola di Dio, che è lo stessa di ieri, di oggi e in eterno. Bontà spirituale significa avere e seguire questa verità come fosse la nostra coscienza. Questa è la volontà di seguire i desideri dello Spirito Santo, cercando la bontà. Ma soltanto con il desiderio di seguire il bene non possiamo affermare che abbiamo portato il frutto della bontà. Possiamo dire che portiamo il frutto solo quando quel desiderio di seguire la bontà è dimostrata e praticata nei fatti.

Matteo 12:35 dice: *"L'uomo buono dal suo buon tesoro trae cose buone"*. Proverbi 22:11 dice anche: *"Chi ama la purezza del cuore e ha la grazia sulle labbra, ha il re per amico"*. Come specificato nei versetti sopra, coloro che realmente cercano la bontà faranno buone azioni che saranno viste dall'esterno. Ovunque andranno e chiunque incontreranno, essi mostreranno la generosità e l'amore con le buone parole ed i fatti. Proprio come una persona che si è spruzzata del profumo emanerà una piacevole fragranza, quelli che hanno la bontà daranno il profumo di Cristo.

Alcune persone desiderano coltivare un buon cuore, in modo da poter seguire le persone spirituali e coltivare amicizie con loro. Godono nel sentire ed apprendere la verità e facilmente si emozionano e versano lacrime. Ma non possono coltivare un buon cuore solo perché hanno il desiderio di averlo. Se hanno sentito e imparato qualcosa, devono coltivarlo nel loro cuore e metterlo in pratica. Ad esempio, se piace solo stare con persone buone evitando quelle che non lo sono, questo è davvero desiderio di bontà?

Ci sono cose da imparare anche da coloro che non sono veramente buoni. Ma anche se non si può imparare qualcosa da loro, sarà comunque possibile ricevere una lezione dalla loro vita. Se c'è qualcuno che ha un temperamento caldo, si può imparare che comportandosi in questo modo otterremmo la maggior parte delle volte solo litigi e discussioni. Da questa osservazione si impara perché non si dovrebbe avere un tale temperamento. Se si realizza un'azienda composta solo da persone buone, non si potrà mai imparare dalla relatività delle cose che vedete o sentite. Ci sono sempre cose da imparare da tutti. Si può pensare che state desiderando tanto la bontà, imparando e realizzando tante cose, ma dovreste controllare voi stessi per quanto riguarda la mancanza di atti reali di accumulare bontà.

Scegliere bene in tutte le cose, come il buon samaritano

Da questo punto in poi, daremo un'occhiata più in dettaglio a ciò che è il bene spirituale, che significa perseguire il bene nella verità e nello Spirito Santo. In realtà, la bontà spirituale è un concetto molto ampio. La natura di Dio è la bontà, e la bontà è incorporata in tutta la Bibbia. Ma un verso da cui si può percepire molto bene il profumo della bontà è Filippesi 2:1-4 che recita:

> *"Se dunque v'è qualche consolazione in Cristo, se vi è qualche conforto d'amore, se vi è qualche comunione di Spirito, se vi è qualche tenerezza di affetto e qualche compassione, rendete perfetta la mia gioia, avendo un medesimo pensare, un medesimo amore, essendo di un animo solo e di un unico sentimento. Non fate nulla per spirito di parte o per vanagloria, ma ciascuno, con umiltà, stimi gli altri superiori a se stesso, cercando ciascuno non il proprio interesse, ma anche quello degli altri".*

Una persona che ha portato la bontà spirituale cerca il bene nel

Signore, così egli sostiene anche le opere con le quali in realtà non è d'accordo. Tale persona è umile e non ha alcun senso di vanità nell'essere riconosciuto o di conoscere la verità rivelata. Anche se gli altri non sono così ricchi o intelligente come lui, li rispetterà dal cuore e diventerà il loro vero amico.

Anche se gli altri gli fanno vivere un momento difficile senza motivo, semplicemente accetta tutto questo con amore. Li serve e si umilia, così da poter essere in pace con tutti. Egli non solo compierà fedelmente le sue mansioni, ma si prenderà cura anche per le opere degli altri. In Luca capitolo 10, abbiamo la parabola del Buon Samaritano.

Un uomo che scendeva da Gerusalemme a Gerico, s'imbatté nei briganti che lo spogliarono, lo ferirono e poi se ne andarono, lasciandolo mezzo morto. Per caso un sacerdote scendeva per quella stessa strada, ma quando lo vide, passò oltre dal lato opposto. Così pure un Levita, quando giunse in quel luogo e lo vide, passò oltre dal lato opposto. I sacerdoti e leviti sono quelli che conoscono la Parola di Dio e che servono Dio. Conoscono la legge meglio di chiunque altro e sono orgogliosi di quanto bene servono Dio.

Quando avrebbero dovuto seguire la volontà di Dio non hanno mostrato le opere che avrebbero dovuto mostrare. Certo, si potrebbe pensare che avevano buoni motivi per non aiutarlo, ma se avessero avuto davvero la bontà, non potevano ignorare una persona che aveva un disperato bisogno del loro aiuto.

Ma un Samaritano, che era in viaggio, giunse presso di lui e, vedendolo, ne ebbe pietà; avvicinatosi, fasciò le sue piaghe versandovi sopra olio e vino, poi lo mise sulla propria cavalcatura, lo condusse a una locanda e si prese cura di lui. Il giorno dopo, presi due denari, li diede all'oste e gli disse di prendersi cura di lui e che tutto ciò che avesse speso di più, glielo avrebbe rimborsato al suo ritorno.

Se il Samaritano aveva pensato egoisticamente, non avrebbe avuto alcun motivo di fare quello che ha fatto. Anche lui era occupato, e poteva subire perdite di tempo e denaro se coinvolto negli affari di un perfetto sconosciuto. Inoltre, avrebbe potuto giusto portare un primo soccorso, senza dover chiedere al locandiere di prendersene cura promettendogli che avrebbe pagato i costi aggiuntivi.

Ma poiché aveva bontà, non poteva ignorare una persona che stava morendo. Anche se lui avesse sofferto una perdita di tempo e denaro, anche se occupato, non poteva semplicemente trascurare una persona che aveva un disperato bisogno del suo aiuto, e quando non ha potuto aiutare questa persona, ha chiesto ad un'altra di farlo. Se fosse anch'esso passato oltre per i suoi motivi personali, in futuro questo Samaritano, con molta probabilità, ne avrebbe portato il peso sul suo cuore.

Si sarebbe messo continuamente in discussione accusando se stesso pensando, "Mi chiedo cosa sia successo a quell'uomo ferito. Avrei dovuto salvarlo anche se ciò significava subire una perdita. Dio mi stava guardando, come ho potuto fare questo?" Bene spirituale significa non essere in grado di sopportare se non scegliamo la via del bene. Anche con la sensazione che qualcuno stia cercando di ingannarci, noi sceglieremo la bontà in tutte le cose.

Non litigare o vantarsi in qualsiasi situazione

Un altro versetto che ci permette di capire il bene spirituale è Matteo 12:19-20. Il versetto 19 dice: *"Non contenderà, né griderà e nessuno udrà la sua voce nelle piazze"*. Di seguito, il versetto 20 recita: *"Non frantumerà la canna rotta e non spegnerà il lucignolo fumante, finché non abbia fatto trionfare la giustizia"*.

Questa è la bontà spirituale di Gesù. Durante il suo ministero, Gesù non ha avuto problemi o litigato con nessuno. Fin da bambino ha obbedito alla Parola di Dio, e durante il suo ministero pubblico, ha fatto solo cose buone, predicando il Vangelo del regno dei cieli e la guarigione dei malati. Eppure, i diavoli lo hanno provato con molte parole, nel tentativo di ucciderlo.

Ogni volta, Gesù conosceva le loro cattive intenzioni, ma non li odiava, lasciando solo che capissero la vera volontà di Dio. Quando ciò non accadeva, Egli non ci litigava, ma semplicemente li evitava. Anche quando fu messo in discussione prima della crocifissione, Egli non litigò e non discusse.

Appena superata la fase di novizio della nostra fede cristiana, apprendiamo la Parola di Dio in una certa misura. Non alzeremo facilmente la voce e non avremo uno scatto d'ira solo a causa di qualche disaccordo con qualcuno. Litigare non significa solo alzare la voce. Se proviamo sentimenti di disagio a causa di qualche divergenza, anche questo è litigare. Possiamo affermare che vi è un litigio quando la pace del cuore viene spezzata.

Se vi è un divergenza nel cuore, la causa risiede dentro di noi, non perché qualcuno ci sta dando filo da torcere. Non è perché non agiscono in un modo che riteniamo sia giusto. È perché i nostri cuori sono troppo piccoli per accettarli, ed è perché abbiamo un struttura mentale che ci mette in rotta di collisione con molte cose.

Un pezzo di cotone morbido non produce alcun rumore quando viene colpito da un oggetto. Anche se scuotiamo un bicchiere contenente acqua pura e pulita, l'acqua rimarrà pura e pulita. Lo stesso vale con il cuore degli uomini. Se la pace mentale viene interrotta facendo nascere in noi sentimenti di disagio in una certa situazione, questo accade perché il male è ancora presente nel cuore.

Si dice che Gesù non gridò, quindi, per quale motivo dovrebbe farlo qualcun altro? Perché queste persone vogliono mettere in evidenza ed ostentare se stessi. Gridano perché vogliono essere riconosciuti e serviti da altre persone.

Gesù ha manifestato tali opere eccezionali, come resuscitare i morti e aprire gli occhi dei ciechi, ma rimase modesto. Inoltre, anche quando le persone lo prendevano in giro mentre era appeso sulla croce, Egli ha solo obbedito alla volontà di Dio fino alla morte, perché lui non aveva alcuna intenzione di rivelare se stesso (Filippesi 2:5-8). Si dice anche che nessuno poteva sentire la sua voce nelle piazze, che le sue maniere erano perfette ed era perfetto nel suo portamento, atteggiamento e modo di parlare. La sua estrema bontà, umiltà e amore spirituale, che erano nel profondo del suo cuore, sono stati rivelati all'esterno.

Se portiamo il frutto della bontà spirituale, non avremo alcun conflitto o problemi con nessuno, allo stesso modo in cui nostro Signore non aveva conflitti. Non parleremo degli errori o delle carenze delgi altri. Non cercheremo di ostentare noi stessi e non cercheremo di innalzarci sugli altri. Anche se questo ci farà soffrire, non ci lamenteremo.

Non frantumare una canna rotta o spegnere il lucignolo fumante

Quando cresciamo una pianta o un albero, se gli stessi hanno una foglia o un ramo malconcio, di solito la tagliamo, e se uno stoppino brucia lentamente e la luce non è brillante, sprigionando solo fumo e gas, la gente semplicemente è solita spegnerlo. Chi possiede la bontà spirituale "non spezzerà un ramo malconcio e non spegnerà un lucignolo fumigante". Se vi è la minima possibilità di recupero, non taglieranno quella vita, provando ad aprire un strada per gli altri.

Qui, la "canna malconcia" è riferita a coloro che sono pieni di peccati e malvagità. Il lucignolo fumante simboleggia coloro i cui cuori sono così macchiati dal male che la luce della loro anima è in procinto di morire. È improbabile che queste persone, che sono come canne maltrattate e stoppini fumanti, accetteranno il Signore. Anche se credono in Dio, le loro opere non sono diverse da quelle delle persone mondane, parlando anche contro lo Spirito Santo o mettendosi contro Dio. Al tempo di Gesù, c'erano molti che non credevano in Lui. E anche se hanno visto tali sorprendenti opere di potere, erano contro le opere dello Spirito Santo. Eppure Gesù li ha guardati con la fede fino alla fine e ha dato loro l'opportunità di ricevere la salvezza.

Oggi, anche nelle chiese, ci sono molte persone che sono come canne rotte e stoppini fumanti. Dicono "Signore, Signore" con la bocca, ma vivono ancora nel peccato. Alcuni di loro addirittura si innalzano contro Dio. Con la loro fede debole, cadono in tentazione e interrompono la frequentazione della chiesa. Dopo aver fatto cose che sono riconosciute come il male, sono talmente imbarazzati che lasciano la chiesa. Se abbiamo bontà, dobbiamo per prima cosa protendere le mani verso loro.

Alcune persone vogliono essere amati e riconosciuti in chiesa, ma quando questo non succede, il male presente in loro viene fuori. Diventano gelosi di chi è amato dagli altri membri e coloro che stanno avanzando in spirito e ne parlano male. Non uniscono i loro cuori per un certo lavoro se non è una cosa partita da loro, cercando anche di trovare un difetto in quelle opere.

Anche in questi casi, chi ha il frutto della bontà spirituale accetterà queste persone che hanno tirato fuori la loro malvagità. Non cercano di distinguere chi è giusto o sbagliato, il bene o il male per poi reprimerlo. Fondono e toccano i loro cuori trattandoli con bontà e con un cuore sincero.

Alcune persone mi chiedono di rivelare l'identità di coloro che frequentano la chiesa con secondi fini. Dicono che in questo modo i membri non saranno truffati e queste persone non verranno più in chiesa. Sì, rivelando la loro identità si potrebbe purificare la chiesa, ma quanto sarebbe imbarazzante per i loro familiari o coloro che li hanno portati in chiesa? Se eliminassimo i membri di una chiesa per vari motivi, non rimarrebbero molte persone. Uno dei doveri di una chiesa è anche cambiare le persone malvagie per condurle nel regno dei cieli.

Naturalmente, alcune persone continueranno a mostrare sempre più il male, e cadranno nella via della morte anche se mostriamo loro la bontà. Ma anche in questi casi, noi non fisseremo un limite alla nostra resistenza per poi abbandonarli se vanno oltre tale limite. Con la bontà spirituale cercheremo di indirizzare loro verso la vita spirituale, senza rinunciarci, fino alla fine.

Il grano e la pula sembrano simili ma la pula è vuota dentro. Dopo la raccolta, l'agricoltore raccoglie il frumento nel granaio e brucerà la pula o la userà come fertilizzante. Anche in chiesa c'è il grano e la pula. Dal di fuori, ognuno potrebbe apparire come credente, ma c'è il grano che obbedisce alla Parola di Dio, mentre vi è la pula che segue il male.

Ma proprio come l'agricoltore aspetta fino al raccolto, il Dio dell'amore attende il cambiamento di coloro che sono come la pula. Fino all'ultimo giorno dobbiamo dare una possibilità a tutti gli uomini affinché siano salvati, e guardare tutti con gli occhi della fede, coltivando la bontà spirituale in noi.

Potenza di seguire la bontà nella verità

Si potrebbe essere confusi su come la bontà spirituale si differenzia dalle altre caratteristiche spirituali. Vale a dire, nella parabola del buon samaritano, i suoi atti possono essere descritti come caritatevoli e misericordiosi; e se noi non litighiamo o alziamo la voce, allora dobbiamo essere in pace e in umiltà. Quindi, tutte queste cose sono incluse nel carattere della bontà spirituale?

Certo, l'amore, un cuore caritatevole, la misericordia, la pace, l'umiltà appartengono tutti alla bontà. Come accennato in precedenza, la bontà è la natura di Dio, ed è un concetto molto ampio. Ma gli aspetti distintivi della bontà spirituale sono il desiderio di seguire tanta bontà e la forza di praticarla nella realtà.

Il focus non è sulla misericordia di avere pietà degli altri o gli atti di aiutarli in sé. L'obiettivo è la bontà con la quale il Samaritano non poteva passare oltre, quando avrebbe dovuto avere pietà.

Inoltre, non litigare e non alzare la voce è parte dell'essere umili. Ma la caratteristica della bontà spirituale in questi casi è che non possiamo rompere la pace perché seguiamo il bene spirituale. Invece di gridare ed essere riconosciuti, vogliamo essere umili perché seguiamo questa bontà.

Quando si è fedeli, se si possiede il frutto della bontà, si sarà fedele non solo ad una cosa, ma a l'intera casa di Dio. Se si trascura uno qualsiasi dei nostri doveri, ci potrebbe essere qualcuno che ne soffrirà ed Il regno di Dio non potrà essere realizzato come dovrebbe essere. Quindi, se avete la bontà in voi, non vi sentirete a vostro agio in queste cose. Non si può semplicemente evitare queste persone, in modo da cercare di essere fedeli a tutta la casa di Dio. È possibile applicare questo principio a tutti gli altri caratteri dello spirito.

Coloro che sono malvagi saranno a disagio se non agiscono nel male, e nella misura in cui hanno in loro la malvagità, si sentiranno soddisfatti solo dopo aver tirato fuori tutto il loro male. Per coloro che hanno l'abitudine di interrompere gli altri mentre stanno parlando, non riusciranno a controllare se stessi se non possono interferire nelle conversazioni delle altre persone. Anche se feriscono i sentimenti altrui o creano problemi, possono essere in pace con se stessi solo dopo aver fatto quello che vogliono. Tuttavia, se si ricordano e provano ad abbandonare le loro cattive abitudini e gli atteggiamenti che non sono in accordo con la Parola di Dio, saranno in grado di abbandonarne la maggior parte. Ma se non provano e si limitano a rinunciare, rimarranno le stesse persone anche dopo dieci o venti anni.

Ma gli uomini di bontà sono l'opposto. Se non seguono il bene, avranno sentimenti di disagio maggiori di quando subiscono una perdita, pensandoci ripetutamente. Così, anche se soffrono per qualche perdita, non vogliono danneggiare gli altri. Anche se lo trovano scomodo, cercano di mantenere le regole.

Possiamo sentire questo tipo di cuore da quello che ha detto Paolo. Aveva la fede di mangiare carne, ma se questo poteva causare scandalo per qualcuno, egli non avrebbe mangiato più carne per il resto della sua vita. Allo stesso modo, se quello di cui si può godere può causare qualche disagio per gli altri, gli uomini pieni di bontà preferiscono non goderne, trovando più gratificante rinunciarvi per il bene degli altri. Non possono fare nulla che possa mettere in imbarazzo gli altri; e, non potrebbero mai fare una cosa che avrebbe fatto gemere lo Spirito Santo che è in loro.

Allo stesso modo, se si segue il bene in tutte le cose, significa che si sta portando il frutto della bontà spirituale, e portandolo si avrà l'atteggiamento del Signore. Non fate nulla che possa scandalizzare anche un po' una sola persona e mostrate all'esterno bontà e umiltà. Sarete rispettati in quanto sarete simili al Signore ed il vostro comportamento ed il vostro linguaggio sarà perfetto. Sarete belli agli occhi di tutti, dando il buon odore di Cristo.

Matteo 5:15-16 dice: *"e non si accende una lampada per metterla sotto un recipiente; anzi la si mette sul candeliere ed essa fa luce a tutti quelli che sono in casa. Così risplenda la vostra luce davanti agli uomini, affinché vedano le vostre buone opere e glorifichino il Padre vostro che è nei cieli"*. Inoltre, 2 Corinzi 2:15 dice: *"Noi siamo infatti davanti a Dio il profumo di Cristo fra quelli che sono sulla via della salvezza e fra quelli che sono sulla via della perdizione"*. Perciò, spero diate gloria a Dio in tutte le cose portando il frutto della bontà spirituale, dando il buon odore di Cristo al mondo.

Contro queste cose non c'è legge

Numeri 12:7-8

"Non così con il mio servo Mosè,

che è fedele in tutta la mia casa.

Con lui io parlo a tu per tu, con chiarezza,

e non per via di enigmi;

egli vede la sembianza del Signore.

Perché dunque non avete temuto di parlare contro il mio servo,

contro Mosè?"

Capitolo 8

Fedeltà

Affinché la nostra fedeltà sia riconosciuta
Fare di più rispetto al lavoro assegnatoci
Siate fedeli nella verità
Lavorare secondo la volontà del padrone
Siate fedeli alla Casa del Signore
La fedeltà al regno e alla giustizia di Dio

Fedeltà

Un uomo stava per partire per un viaggio in un paese straniero. Durante la sua assenza i suoi beni dovevano essere curati, così affidò questo lavoro ai suoi tre servitori. Secondo le loro capacità diede a ciascuno rispettivamente un talento, due talenti, e cinque talenti. Il servo che aveva ricevuto cinque talenti fece attività promozionale per il suo padrone guadagnando altri cinque talenti. Il servo a cui diede due talenti guadagnò anch'esso altri due talenti. Ma quello che ne ebbe un solo talento lo seppellì subito sotto terra non traendone alcun profitto.

Il padrone lodò i servi che avevano guadagnato i due e cinque talenti supplementari e disse loro: *"Va bene, servo buono e fedele"* (Matteo 25:21) ma rimproverò il servo che aveva seppellito il talento dicendo: *"servo malvagio e fannullone"* (v. 26).

Dio ci affida anche molti doveri secondo le nostre prerogative, in modo che possiamo lavorare per Lui. Solo quando compiamo i doveri con tutte le nostre forze e beneficiamo del regno di Dio, possiamo essere riconosciuti come "servo buono e fedele".

Affinché la nostra fedeltà sia riconosciuta

La definizione del dizionario della parola "fedeltà" è "la qualità di essere fermi nell'affetto o lealtà, o fermo in aderenza alle promesse o nel rispetto del dovere". Anche nella vita reale, i fedeli sono valutati per essere altamente affidabili.

Ma il tipo di fedeltà che è riconosciuta da Dio è diversa da quella delle persone mondane. Il solo adempiere completamente al nostro dovere con le azioni non può essere inteso come fedeltà spirituale. Inoltre, se mettiamo tutto il nostro impegno e anche la nostra vita in una particolare area, questo non sarà completa fedeltà. Se compiamo i nostri doveri come moglie, madre o marito, può essere chiamata fedeltà? In questi casi abbiamo solo fatto quello che dovevamo fare.

Coloro che sono spiritualmente fedeli sono tesori nel regno di Dio ed emanano un aroma fragrante, il profumo di un cuore immutabile, la fragranza di obbedienza costante. Si potrebbe confrontarlo con l'obbedienza di un buon lavoro svolto da una mucca e la fragranza di un cuore affidabile. Se siamo in grado di dare questo tipo di profumo, anche il Signore dirà che siamo così belli e vorrà abbracciarci. Questo è stato il caso di Mosè.

I figli di Israele erano stati schiavi in Egitto per più di 400 anni e Mosè aveva il dovere di condurli alla terra di Canaan. Era così amato da Dio, che gli ha parlato faccia a faccia. Era fedele nella casa di Dio e ha compiuto tutto ciò che gli fu ha comandato senza prendere neanche in considerazione tutti i problemi che dovevano essere necessariamente affrontati. Era molto più che fedele in tutte i possibili campi nell'adempimento del dovere del capo di Israele, oltre ad essere fedele alla sua famiglia.

Un giorno, Ietro, suo suocero, venne a lui. Mosè parlò con lui di tutte le cose incredibili che Dio aveva fatto per il popolo d'Israele Il giorno successivo, Ietro vide qualcosa di strano: persone in fila partite presto la mattina per vedere Mosè e sottoporre le controversie che non potevano giudicare tra di loro. Ietro fece una proposta.

Esodo 18:21-22 dice: *"ma scegli fra tutto il popolo degli uomini capaci e timorati di Dio: degli uomini fidati, che detestino il guadagno illecito; e stabiliscili sul popolo come capi di migliaia, capi di centinaia, capi di cinquantine e capi di decine. Essi dovranno amministrare la giustizia al popolo in ogni circostanza. Essi riferiscano a te su ogni questione di grande importanza, ma ogni piccolo affare lo decidano loro. Così alleggerirai il tuo carico, ed essi lo porteranno con te".*

Mosè dopo aver ascoltato le sue parole, si rese conto che avevano un senso e accettò il suo suggerimento. Mosè selezionò uomini capaci che odiavano il guadagno disonesto e li pose sul popolo come capi di migliaia, di centinaia, di cinquanta e di decine. Agirono come giudici in materie di routine e su cose più semplici mentre Mosè giudicava solo le principali vertenze.

Si può portare il frutto della fedeltà quando si adempie a tutti i propri doveri con un buon cuore. Mosè fu fedele ai suoi familiari, tanto quanto al servizio del popolo. Spese tutto il suo tempo e le sue energie, e per questo motivo è stato riconosciuto come colui che è fedele nella casa tutta di Dio. Numeri 12:7-8 dice: *"Non così con il mio servo Mosè, che è fedele in tutta la mia casa. Con lui io parlo a tu per tu, con chiarezza, e non per via di enigmi; egli vede la sembianza del Signore".*

Ora, che tipo di persona è uno che ha portato il frutto della fedeltà riconosciuto da Dio?

Fare di più rispetto al lavoro assegnatoci

Quando i lavoratori sono pagati per il loro lavoro, non possiamo dire che sono fedeli, perché hanno solo adempiuto ai loro doveri. Possiamo dire che hanno fatto il loro lavoro, ma lo hanno fatto solo perché sono pagati. Ma anche tra di loro, ci sono alcuni che fanno più di quello per cui sono pagati. Non lo fanno con riluttanza o semplicemente pensando di doverlo fare, almeno tanto quanto sono pagati. Compiono il loro dovere con tutto il cuore, la mente e l'anima, senza risparmiare il loro tempo e denaro, avendo questo desiderio che viene dal cuore.

Alcuni lavoratori a tempo pieno della chiesa fanno più di ciò che è a loro assegnato. Lavorano dopo l'orario di lavoro o in vacanza, e quando non lavorano, pensano sempre ai loro impegni verso Dio. Pensano sempre al migliore dei modi per servire la chiesa e i suoi membri, facendo più di quanto loro assegnato. Inoltre, assumono oneri e doveri di capigruppo per prendersi cura delle anime. È in questo modo che si manifesta la fedeltà di fare molto più di ciò che viene affidato.

Inoltre, nell'assumersi queste responsabilità, coloro che portano il frutto della fedeltà faranno più di quello per cui sono responsabili. Ad esempio, nel caso di Mosè, ha messo in gioco la sua vita quando ha pregato per salvare i figli d'Israele che avevano commesso peccati. Possiamo notarlo dalla sua preghiera che si trova in Esodo 32:31-32, che recita: *"Ahimè, questo popolo ha commesso un grande peccato e si è fatto un dio d'oro; nondimeno, perdona ora il loro peccato! Se no, ti prego, cancellami dal tuo libro che hai scritto!"*

Quando Mosè stava adempiendo a questo dovere, non solo obbediva nelle azioni per fare ciò che Dio ha comandato che facesse. Non pensava, "ho fatto del mio meglio nella realizzazione della volontà di Dio per loro, ma non lo hanno accettato. Non posso aiutarli in altro modo". Aveva il cuore di Dio e guidò il popolo con tutto il suo amore e la sua fatica. Ecco perché quando il popolo ha peccato, si sentì come se fosse stata colpa sua, prendendosene la responsabilità.

La stessa cosa è accaduta con l'apostolo Paolo. Romani 9:3 dice: *"perché io stesso vorrei essere anatema, separato da Cristo, per amore dei miei fratelli, miei parenti secondo la carne"*. Ma anche se noi sentiamo e conosciamo la fedeltà di Paolo e di Mosè, questo non significa necessariamente che abbiamo coltivato la fedeltà.

Coloro che hanno fede e svolgono i propri compiti direbbero qualcosa di diverso da quello che Mosè ha detto se fossero nella stessa situazione. Vale a dire, potrebbero dire: "Dio, ho fatto del mio meglio. Provo pena per le persone, ma ho anche sofferto molto mentre conducevo queste persone". Quello che stanno realmente dicendo è: "Io sono fiducioso perché ho fatto tutto quello che dovevo fare ". Oppure possono preoccuparsi che essi riceveranno un rimprovero insieme ad altri per i peccati di quelle persone, anche se loro stessi non erano responsabili. Il cuore di queste persone in questo modo è piuttosto lontano dalla fedeltà.

Naturalmente nessuno può pregare, "per favore perdona i loro peccati o cancellami dal libro della vita" significa solo che se portiamo il frutto della fedeltà nel nostro cuore, non possiamo solo dire che non siamo responsabili per le cose che non sono andate a buon fine. Prima di pensare che abbiamo fatto del nostro meglio nel nostro operato, si dovrebbe in primo luogo pensare al tipo di cuore che avevamo quando i compiti ci sono stati dati per la prima volta.

Inoltre, per prima cosa bisogna pensare all'amore e alla misericordia di Dio per le anime, che non vuole che siano distrutte anche se Egli dice che ha intenzione di punirle per i loro peccati. Quindi, che tipo di preghiera potremmo offrire a Dio? Probabilmente dovremmo dire dal profondo del nostro cuore: "Dio, è colpa mia che non li ho guidati al meglio. Dai loro una possibilità in più in considerazione del mio comportamento".

È la stessa cosa in tutti gli altri aspetti. Coloro che sono fedeli non diranno: "ho fatto abbastanza", ma lavoreranno intensamente con tutto il loro cuore. In 2 Corinzi 12:15 Paolo dice: *"E io molto volentieri spenderò e sacrificherò me stesso per voi. Se io vi amo tanto, devo essere da voi amato di meno?"*

Vale a dire, Paolo non è stato costretto a prendersi cura delle anime, né l'ha fatto superficialmente. Ha provato una grande gioia nel compimento del suo dovere ed è per questo che ha detto che avrebbe speso tutto se stesso per le altre anime.

Si offrì più volte con devozione completa. Come nel caso di Paolo, è vera fedeltà se siamo in grado di adempiere al nostro dovere intensamente, con gioia e amore.

Siate fedeli nella verità

Supponiamo che qualcuno si sia unito a una banda dedicando la propria vita al capo della stessa. Dio dirà che è fedele? Ovviamente no! Dio può riconoscere la nostra fedeltà solo quando siamo fedeli in bontà e fedeltà.

In quanto cristiani, condurre una vita diligente nella fede significa che si è suscettibili di essere sottoposti a molti doveri. In alcuni casi si cerca di adempiere con fervore in un primo momento e fino a un certo punto. Le menti possono essere distratte dal pensiero dell'espansione del business che si sta progettando. Questo potrebbero perdere il loro fervore verso il loro dovere a causa delle difficoltà nella vita o perché vogliono evitare persecuzioni. Perché le loro menti cambiano in questo modo? Perché hanno dimenticato la fedeltà spirituale mentre lavoravano per il Regno di Dio.

La fedeltà spirituale è circoncidere il cuore. È lavare la veste del nostro cuore continuamente. È gettare via tutti i tipi di peccati, la falsità, il male, l'ingiustizia, l'illegalità e le tenebre e diventare santo. Apocalisse 2:10 dice: *"Sii fedele fino alla morte, e io ti darò la corona della vita"*. Qui, per essere fedele fino alla morte non significa solo che dobbiamo lavorare sodo e fedelmente fino alla nostra morte fisica. Significa anche che dobbiamo cercare di realizzare pienamente la Parola di Dio nella Bibbia con tutta la nostra grinta.

Al fine di realizzare la fedeltà spirituale, dobbiamo prima di tutto lottare contro i peccati fino al punto di versare sangue e osservare i comandamenti di Dio. La priorità assoluta è quella di gettare via il male, il peccato e le falsità che Dio odia. Se stiamo solo lavorando duro fisicamente senza circoncidere il nostro cuore, non possiamo dire che la nostra è fedeltà spirituale. Come disse Paolo "Io muoio ogni giorno," dobbiamo mettere la nostra carne a morte completamente e santificarci. Questa è la fedeltà spirituale.

Quello che Dio nostro Padre desidera di più per noi è la santità. Dobbiamo renderci conto di questo e fare del nostro meglio per circoncidere i nostri cuori. Naturalmente, questo non significa che non possiamo assumere eventuali oneri prima di diventare completamente santificati. Significa che qualunque dovere stiamo portando avanti in questo momento, dobbiamo realizzare la santità nell'assolvere i nostri doveri.

Coloro che continuamente circoncidono i loro cuori non avranno cambiamenti di atteggiamento nella loro fedeltà. Non rinunceranno ai loro preziosi compiti perché hanno difficoltà nella vita di tutti i giorni o afflizioni del cuore. I doveri dati da Dio sono una promessa fatta tra Dio e noi, e non dobbiamo mai rompere le promesse con Dio in un qualsiasi momento di difficoltà.

D'altra parte, che cosa accadrà se trascuriamo la circoncisione del nostro cuore? Non saremo in grado di mantenere il nostro cuore quando ci troveremo di fronte a difficoltà e disagi. Possiamo abbandonare il rapporto di fiducia con Dio e rinunciare al nostro dovere, poi se si recupera la grazia di Dio, lavoreremo duro ancora per un po', e questo ciclo andrà avanti e avanti ancora. I lavoratori che hanno fluttuazioni di questo tipo non possono essere riconosciuti per essere fedeli, anche se fanno bene il proprio lavoro.

Per avere la fedeltà riconosciuto da Dio, dobbiamo avere la fedeltà spirituale, il che significa che dobbiamo circoncidere i nostri cuori. Ma circoncidere il nostro cuore in sé non diventa la nostra ricompensa. Circoncidere il cuore è un dovere per i figli di Dio che sono salvati. Se gettiamo via i peccati e compiamo i nostri doveri con cuore santificato, possiamo portare i frutti in maniera migliore rispetto a quando li soddisfiamo con menti carnali. Pertanto, riceveremo maggiori ricompense.

Per esempio, supponiamo di faticare tanto durante lo svolgimento delle mansioni di volontariato per l'intera giornata della domenica, e di aver litigato con molte altre persone e perso la pace con altre. Più si serve la chiesa e contemporaneamente ci si lamenta provando risentimento verso gli altri, tanto più i nostri premi saranno di meno. Ma se serviamo la Chiesa con la bontà e l'amore essendo in pace con gli altri, tutto il lavoro compiuto sarà aroma gradito a Dio, e ciascuno dei nostri atti diventerà la nostra ricompensa.

Lavorare secondo la volontà del padrone

Nella chiesa, dobbiamo lavorare secondo il cuore e la volontà di Dio. Inoltre, dobbiamo essere fedeli obbedendo ai nostri leader, secondo la gerarchia all'interno della chiesa. Proverbi 25:13 dice: *"Il messaggero fedele, per quelli che lo mandano, è come il fresco della neve al tempo della mietitura; esso ristora il suo padrone"*.

Anche se siamo molto diligenti nell'adempiere al nostro dovere, non si può placare il desiderio del padrone se facciamo solo quello che vogliamo. Ad esempio, si supponga che il capo della tua azienda ti dica di rimanere in ufficio perché sta arrivando un cliente molto importante, ma gli fate presente che avete un affare legato all'azienda, ma fuori che vi impegnerà tutto il giorno. Anche se sarete fuori per un lavoro dell'ufficio agli occhi del vostro capo non sarete stati fedeli.

Il motivo per cui noi non obbediamo alla volontà del capo è perché seguiamo le nostre idee o perché abbiamo motivi egoistici. Questo tipo di persona può sembrare che stia servendo il proprio capo, ma in realtà non lo sta facendo con fedeltà. Egli sta seguendo solo i propri pensieri e desideri, dimostrando solo di poter dimenticare la volontà del padrone, in qualsiasi momento.

Nella Bibbia leggiamo di una persona di nome Ioab, che era un parente nonché generale dell'esercito di Davide. Ioab era accanto a

Davide mentre affrontava i pericoli quando era inseguito da re Saul. Aveva saggezza ed era coraggioso. Gestì tutte le cose che Davide voleva fare. Quando attaccò gli Ammoniti e prese la loro città, praticamente la conquistò, ma lasciò che Davide venisse lui stesso a prenderla, lasciandogli la gloria della conquista.

Ha servito Davide, che non si sentì a proprio agio perché aveva disobbedito quando aveva visto che poteva agire a suo vantaggio. Ioab non ha esitato ad agire sfacciatamente davanti a Davide quando voleva raggiungere il suo obiettivo.

Ad esempio, il generale Abner, che era un nemico di Davide, venne da Davide per arrendersi. Davide lo accolse e lo rimandò perché pensò che poteva stabilizzare il popolo più rapidamente se lo avesse accettato. Quando in seguito Ioab lo scoprì, seguì Abner e lo uccise per vendicare la morte del proprio fratello, ucciso da Abner in una battaglia precedente. Era consapevole, uccidendolo, di porre Davide in una situazione difficile, ma lo fece lo stesso seguendo le proprie emozioni.

Inoltre, quando Absalom, figlio di Davide, si ribellò al padre, David chiese ai suoi soldati, che stavano andando a combattere contro gli uomini di Absalom, di trattare il figlio con mansuetudine. Avendo sentito questo ordine, Ioab lo uccise, e forse lo fece pensando che se avesse lasciato in vita Absalom, questi si sarebbe potuto ancora una volta ribellare al padre. Ma alla fine, Ioab aveva disobbedito ad un ordine del re, agendo a propria discrezione.

Seppur egli avesse condiviso con il proprio re tanti momenti difficili, in quelli cruciali aveva disatteso le sue aspettative, con il risultato che Davide non poteva fidarsi di lui. Ioab, infine si ribellò a Salomone, figlio di Davide, e per questo fu condannato a morte. In quel momento, piuttosto che obbedire alla volontà di Davide, preferì insediare la persona che egli riteneva dovesse diventare re. Ha servito per tutta la vita re Davide, ma invece di diventare un servo meritevole, la sua vita è terminata come quella di un ribelle.

Quando compiamo opere per Dio, piuttosto che con quanta ambizione facciamo questo lavoro, il fattore determinante è se stiamo seguendo la volontà di Dio. Non è di alcuna utilità, per essere considerati fedeli, andare contro la sua volontà. Quando lavoriamo in chiesa, dobbiamo seguire i nostri leader ancor prima di seguire le nostre idee. In questo modo Satana non potrà accusarci ed alla fine saremo in grado di dare gloria a Dio.

Siate fedeli alla Casa del Signore

Essere fedeli alla casa di Dio significa essere fedeli in tutti gli aspetti legati a noi stessi. In chiesa dobbiamo adempiere a tutte le nostre responsabilità anche quando abbiamo molti compiti, e anche se non abbiamo doveri particolari, un dovere è essere presenti come membri.

Non solo in chiesa ovviamente; uno dei nostri doveri è l'essere presente ovunque è prevista la nostra presenza, come al lavoro e a scuola. Essere fedeli alla casa di Dio significa assolvere completamente ai compiti che abbiamo in ogni aspetto della nostra esistenza, come figli di Dio, come leader o membro della chiesa, come membro della famiglia, come dipendente di una società o come studente e insegnante di una scuola.

Non dobbiamo solo essere fedeli solo in uno o due compiti e trascurarne altri. Dobbiamo essere fedeli sempre. Potremmo pensare, "ho solo un corpo, come posso essere fedele in ogni situazione?" Ma nella misura in cui cambiamo nello spirito, non sarà difficile essere fedeli all casa di Dio. Anche se noi investiamo solo un po' di tempo, possiamo sicuramente raccogliere i frutti se seminiamo in spirito.

Inoltre, coloro che hanno cambiato nello spirito non perseguono il proprio beneficio e d alle proprie comodità, ma pensano prima al beneficio degli altri. Vedono le cose prima dallo punto di vista degli altri. Così, queste persone prenderanno a cuore tutti i propri compiti, anche se devono sacrificarsi. Inoltre, nella misura in cui raggiungiamo il livello spirituale, il nostro cuore si riempirà di bontà. E se siamo buoni non propenderemo per un solo aspetto in particolare. Quindi, anche se abbiamo molti doveri, non ne trascureremo nessuno.

Faremo del nostro meglio per prenderci cura di tutto ciò che ci circonda, cercando di prenderci cura un po' più degli altri, e allora la gente intorno a noi sentirà la veridicità del nostro cuore. Quindi, non saranno delusi perché non possiamo essere con loro tutto il tempo, ma piuttosto saranno grati perché ci preoccupiamo per loro.

Per esempio, una persona ha due funzioni: è il leader in uno dei gruppi e solo un membro nell'altro. Se possiede bontà e se porta il frutto della fedeltà, non trascurerà nessuno dei due. Non dirà solo: "i membri di quest'ultimo gruppo mi capiranno se non posso essere con loro, perché io sono il leader del primo gruppo". Se non può essere fisicamente con il secondo gruppo, cercherà di contribuire in un altro modo e col cuore. Allo stesso modo, possiamo essere fedeli nella casa di Dio ed in pace con tutti nella misura in cui abbiamo bontà.

La fedeltà al regno e alla giustizia di Dio

Giuseppe fu venduto come schiavo in casa di Potifar, capitano della guardia del corpo reale. E Giuseppe era così fedele e affidabile che Potifar lasciava tutto il suo lavoro in casa con questo giovane schiavo senza preoccuparsi di quello che egli faceva. Ciò perché Giuseppe si prese cura anche delle piccole cose facendo sempre tutto il suo meglio, avendo il cuore del maestro.

Il regno di Dio ha bisogno di molti lavoratori fedeli come Giuseppe, in ogni campo. Se si è incaricati di un certo servizio e lo si porta a termine così fedelmente che il vostro capo non avrà bisogno di prendersene affatto cura, quale grande forza questo sarà per il regno di Dio!

Luca 16:10 dice: *"Chi è fedele nelle cose minime è fedele anche nelle grandi, e chi è ingiusto nelle cose minime è ingiusto anche nelle grandi"*. Anche se ha servito un maestro in carne ed ossa, Giuseppe ha lavorato fedelmente con la sua fede in Dio, tanto che non lo ha reso un essere insignificante, ma ne ha fatto il primo ministro d'Egitto.

Non sono mai stato in una situazione di agio per quanto riguarda le opere di Dio. Ho sempre pregato tutta la notte anche prima dell'apertura della chiesa, e dopo la sua apertura, ho pregato da mezzanotte fino alle quattro del mattino personalmente, per poi guidare gli incontri di preghiera dell'alba alle cinque. A quel tempo non avevamo la riunione di preghiera di Daniele, che invece abbiamo oggi a partire dalle nove. Non avevamo altri pastori o responsabili dei gruppi, così ho condotto tutti gli incontri di preghiera dell'alba da solo. Ma non ho mai saltato un giorno.

Inoltre, dovevo preparare i sermoni per le funzioni domenicali, i servizi del mercoledì ed i servizi dell'intera notte del Venerdì, mentre frequentavo il seminario teologico. Non ho mai rimandato i miei doveri verso gli altri solo perché ero stanco. Dopo essere tornato dal seminario, mi prendevo cura delle persone malate o facevo visita ai membri. C'erano così tanti malati che venivano da tutto il paese ed ho messo tutto il mio cuore ogni volta che ho fatto visita ad un membro per servirlo spiritualmente.

A quel tempo, alcuni studenti dovevano prendere l'autobus con due o tre cambi per venire in chiesa. Ora abbiamo un nostro autobus, ma a quel tempo non lo avevamo. Così ho voluto che gli studenti fossero in grado di venire in chiesa, senza doversi preoccupare dei costi dei biglietti. Ho accompagnato gli studenti alla fermata dell'autobus e ho dato loro i biglietti, e ne ho dati loro abbastanza anche per tornare in chiesa le volte successive. La quantità di offerte per la chiesa a quel tempo era limitata a poche decine di dollari e questo non permetteva che fosse la chiesa a sostenere queste spese, quindi ho dato loro il denaro usando i miei risparmi.

Quando una persona nuova si iscriveva, l'ho sempre considerata come un tesoro prezioso, così ho pregato per loro e ho servito loro con amore per non perderli. Per questo motivo a quel tempo nessuna delle persone che si erano iscritte alla chiesa ci ha lasciato. Naturalmente, la Chiesa ha continuato a crescere ed ora che ha molti membri, vuol dire che la mia fedeltà si è raffreddata? Ovviamente no! Il mio fervore per le anime non si è mai raffreddato.

Ora, abbiamo più di 10.000 filiali sparse in tutto il mondo così come tanti pastori, anziani, diaconesse senior, e leader per i distretti, sotto-distretti, e gruppi. Tuttavia, le mie preghiere e l'amore per le anime sono sempre di più e con più fervore.

Per caso la vostra fedeltà davanti a Dio si è raffreddata? C'è qualcuno tra voi che ha ricevuto dei compiti da Dio, ma non ne ha più ora? Se avete uno stesso compito ora come in passato, il vostro fervore per il dovere si è raffreddato? Se abbiamo vera fede, la nostra fedeltà non farà che aumentare, cosi come matureremo nella nostra fede, saremo fedeli al Signore per realizzare il regno di Dio e salveremo numerose anime. In questo modo un giorno in cielo riceveremo molti premi preziosi.

Se Dio avesse voluto la fedeltà solo a fatti, non avrebbe avuto bisogno di creare il genere umano, perché ci sono innumerevoli schiere celesti e angeli che obbediscono nel migliore dei modi. Dio non ha voluto qualcuno che obbedisca incondizionatamente, come dei robot. Voleva figli che sarebbero stati fedeli con il loro amore per Dio dal profondo dei loro cuori.

Salmo 101:6 dice: *"Avrò gli occhi sui fedeli del paese per tenerli vicini a me; chi cammina per una via irreprensibile sarà mio servitore"*. Coloro che gettano via ogni forma di male e diventano fedeli nella casa di Dio, riceveranno la benedizione di entrare nella Nuova Gerusalemme, che è la più bella dimora in Cielo. Pertanto, spero che diventerete lavoratori che sono come pilastri del regno di Dio per godere l'onore di stare vicino al trono di Dio.

Matteo 11:29

"Prendete su di voi il mio giogo e imparate da me,

perché io sono mansueto e umile di cuore;

e voi troverete riposo per le anime vostre".

Contro queste cose non c'è legge

Capitolo 9

Dolcezza

La mansuetudine nell'accettare molte persone
Mansuetudine spirituale accompagnata da generosità
Caratteristiche di coloro che hanno portato il frutto della mansuetudine
Portare i frutti della mansuetudine
Coltivare un buon terreno
Benedizioni per le persone gentili

Dolcezza

Sorprendentemente molte persone si preoccupano per l'irascibilità, la depressione o del loro carattere che è estremamente introverso o troppo estroverso. Alcuni, quando le cose non vanno come vorrebbero, attribuiscono ogni cosa alla loro personalità, dicendo: "Io non posso farci niente, è la mia personalità". Ma Dio ha creato gli uomini, e per lui non è difficile cambiarne le personalità con Il suo potere.

Mosè una volta ha ucciso un uomo a causa del suo temperamento, ma è stato cambiato dalla potenza di Dio a tal punto che è stato riconosciuto da Dio stesso per essere la persona più umile e più mite sulla faccia della terra. L'apostolo Giovanni aveva il soprannome di "figlio del tuono", ma è stato cambiato dalla potenza di Dio e fu riconosciuto come "il dolce Apostolo".

Se sono disposti a gettare via il male e arare il campo del loro cuore, anche quelli che hanno sono irascibili, coloro che si vantano e coloro che sono egocentrici possono cambiare e coltivare la caratteristica della dolcezza.

La mansuetudine nell'accettare molte persone

Nel dizionario, la mansuetudine è la qualità o lo stato di essere gentile, dolce, tenero o mite. Coloro che sono timidi o "timidamente non sociali" di carattere, o coloro che non possono esprimersi bene, possono sembrare gentili. Coloro che sono ingenui o quelli che non si arrabbiano con tutti a causa di un basso livello intellettuale possono sembrare essere gentili agli occhi della gente.

Ma la dolcezza spirituale non è solo tenerezza o essere miti. È avere saggezza e capacità di discernere tra giusto e sbagliato, e allo stesso tempo essere in grado di comprendere e accettare tutti perché in essi non c'è male. Vale a dire, la dolcezza spirituale è avere generosità accoppiata con un carattere mite e morbido. Se si dispone di questa generosità virtuosa, non saremo solo miti in ogni situazione, ma avremo anche una rigida dignità quando necessario.

Il cuore della persona gentile è morbido come il cotone. Se si getta un sasso nel cotone o si infilza con un ago, il cotone potrà solo coprire e abbracciare l'oggetto. Allo stesso modo, non importa come gli altri li trattino; coloro che sono spiritualmente dolci non proveranno nei loro cuori rancore nei loro confronti. Vale a dire, non si arrabbiano, non vivono e non fanno vivere disagi.

Non giudicano o condannano, ma comprendono e accettano. Le persone si sentiranno confortate da loro, e saranno in grado di trovare riposo in coloro che sono gentili, proprio come un grande albero con molti rami sui quali gli uccelli possono andare per nidificare e riposare.

Mosè è una delle persone riconosciuta da Dio per la sua dolcezza. Numeri 12:3 dice: *"Or Mosè era un uomo molto umile, più di ogni altro uomo sulla faccia della terra"*. Al tempo dell'Esodo il numero dei figli d'Israele contava più di 600.000 uomini adulti. Se includiamo donne e bambini, si arriva a un numero di più di due milioni. Guidare un tale numero di persone è già di per sé un compito estremamente difficile per una persona comune, in particolar modo se queste persone avevano un cuore indurito in quanto ex schiavi d'Egitto.

Se si è regolarmente percossi, costretti a subire un linguaggio volgare e offensivo, facendo un lavoro faticoso da schiavo, il cuore si indurisce e diventa ruvido. In questa condizione, non è facile incidere alcuna grazia nei loro cuori o per loro essere in grado di amare Dio con il cuore. Ecco perché hanno disobbedito a Dio ogni volta anche se Mosè mostrava loro un grande potere.

Quando iniziarono ad avere piccole difficoltà incontrate nelle loro vita di tutti i giorni, ben presto cominciarono a lamentarsi e intestardirsi contro Mosè. Solo considerando che Mosè ha condotto queste persone nel deserto per ben 40 anni, possiamo comprendere quanto fosse spiritualmente gentile. Il suo cuore è la mansuetudine spirituale, che è uno dei frutti dello Spirito Santo.

Mansuetudine spirituale accompagnata da generosità

Ma c'è qualcuno che pensa qualcosa di simile a quanto segue: "non mi arrabbio e penso di essere più dolce rispetto ad altri, ma in realtà non ricevo risposte alle mia preghiera. Davvero non sento la voce dello Spirito Santo"? Bisognerebbe verificare se la vostra mansuetudine è quella carnale. La gente potrebbe dire che siete gentili se sembrate essere miti e tranquilli, ma è solo mansuetudine carnale.

Ciò che Dio vuole è la mansuetudine spirituale, che significa essere dolce e mite, ma il tutto deve essere accompagnato dalla generosità virtuosa. Insieme con la mansuetudine di cuore, si dovrebbe anche avere la qualità della generosità virtuosa visibile, necessaria per coltivare completamente la dolcezza spirituale. È molto simile a quello di una persona con un ottimo carattere che indossa un abito che corrisponde alla sua personalità. Se si possiede un buon carattere ma si va in giro nudi senza alcun vestito, la nudità sarà la nostra vergogna. Allo stesso modo, la mansuetudine senza la generosità virtuosa non è completa.

La generosità virtuosa è come un abito che rende la mansuetudine splendente, ma è molto diverso dalle azioni ipocrite e legalistiche. Se non si possiede la santità nel cuore, non si può affermare di avere la generosità virtuosa solo perché si compiono buone azioni visibili agli altri. Se si è inclini solo a mostrare azioni appropriate invece di coltivare il proprio cuore, si rischia di smettere di comprendere i propri difetti, pensando erroneamente di aver compiuto in larga misura la crescita spirituale.

Ma anche in questo mondo, persone che hanno solo apparenze senza avere buone personalità non conquisteranno il cuore degli altri. Nella fede, concentrarsi sulle opere esteriori senza coltivare la bellezza interiore è privo di significato.

Ad esempio, alcune persone si comportano rettamente, ma giudicano e guardano dall'alto in basso gli altri che non si comportano come loro. Insistono sui propri standard quando si confrontano con gli altri pensando, "Questo è il modo giusto, quindi perché non di limitano solo a farlo in questo modo?" Possono usare belle parole quando danno consigli, ma nei loro cuori esprimono un giudizio sugli altri e parlano mossi da ipocrisia e rancori. La gente non può trovare riposo in queste persone. Vivranno male e saranno scoraggiati, fino a non volerle avere accanto.

Alcune persone si arrabbiano e si irritano a causa della loro ipocrisia e malvagità, ma affermano di avere solo una "giusta indignazione" per il bene degli altri. Ma quelli che hanno la generosità virtuosa non perderanno la pace mentale in ogni situazione.

Se davvero si vogliono portare i frutti dello Spirito Santo completamente, non si può semplicemente coprire il male nel cuore con le apparenze esteriori. Se lo si fa, sarà solo uno spettacolo per gli altri. Dobbiamo controllare noi stessi più e più volte in tutto e scegliere la via del bene.

Caratteristiche di coloro che hanno portato il frutto della mansuetudine

Quando si incontrano persone gentili che hanno un cuore grande, si usa dire che queste persone hanno il cuore come l'oceano, che riceve le acque inquinate dai torrenti e dai fiumi e le purifica. Se coltiviamo un cuore grande e delicato come l'oceano, saremo in grado di condurre anche le anime che si sono macchiate col peccato verso la via della salvezza.

Se mostriamo generosità all'esterno possedendo dentro di noi la mansuetudine, possiamo conquistare i cuori di molte persone e saremo in grado di realizzare grandi cose. Ora, permettetemi di darvi alcuni esempi delle caratteristiche di coloro che hanno portato questo il frutto.

In primo luogo, sono dignitosi e moderati nelle loro azioni.

Quelli che sembrano avere un temperamento mite ma sono in realtà indecisi, non possono accogliere gli altri. Saranno disprezzati e usati dagli altri. Nella storia, alcuni re furono gentili di carattere, ma non avevano la generosità virtuosa tale da garantire stabilità al paese. Più avanti queste persone non sono state valutate come persone gentili, ma come incapaci e indecisi.

D'altra parte, alcuni re avevano caratteri contemporaneamente impetuosi e miti insieme a sapienza accompagnata da dignità. Sotto il dominio di questi re, il paese era stabile e il popolo ha vissuto la pace. Allo stesso modo, coloro che hanno sia la mansuetudine sia la generosità virtuosa posseggono anche un adeguato livello di giudizio. Fanno ciò che è giusto per discernere il giusto da ciò che è sbagliato nel modo corretto.

Quando Gesù purificò il tempio e rimproverò l'ipocrisia dei farisei e degli scribi, fu molto forte e severo. Aveva un cuore gentile, tale da non "frantumare una canna rotta o spegnere il lucignolo fumante", ma rimproverò il popolo duramente quando doveva. Se si possiede una tale dignità e rettitudine di cuore, la gente non potrà guardarvi dall'alto, anche se non avete mai alzato la voce e non vi siete mai comportati in modo severo.

L'aspetto esteriore è anche correlato nel possedere i costumi del Signore e le opere perfette del corpo. Coloro che sono virtuosi hanno dignità, autorità e importanza nelle loro parole; essi non parlano con noncuranza usando parole senza senso. Indossano vestiti appropriati per ogni occasione. Hanno espressioni facciali dolci, e non fredde e brusche.

Ad esempio, supponiamo che una persona ha capelli e abiti in disordine e il portamento è poco dignitoso. Supponiamo che gli piace anche raccontare barzellette e parla di cose senza senso.

Probabilmente sarà difficile per lui ottenere la fiducia ed il rispetto degli altri, alcuni dei quali non vorranno neanche essere accettati e abbracciati da lui.

Se Gesù avesse scherzato tutto il tempo, i suoi discepoli avrebbero ricambiato scherzando con lui. Quindi, se Gesù avesse insegnato loro qualcosa di difficile, avrebbero subito messo in discussione o insistito sulle proprie opinioni. Ma non potevano osare farlo. Anche coloro che sono andati a Lui per discutere non potevano davvero farlo a causa della sua dignità. Le parole e le azioni di Gesù hanno sempre avuto peso e dignità, e la gente non poteva semplicemente considerarlo alla leggera.

Naturalmente, a volte una persona gerarchicamente superiore può fare uno scherzo ai suoi subordinati al fine di attenuare e alleggerire l'atmosfera. Ma se i subalterni scherzano insieme e lo fanno con maleducazione, questo significa che non hanno una corretta comprensione. Se i leader non si pongono in posizione superiore e si mostrano apparentemente distratti, non possono ottenere la fiducia da parte degli altri. In particolare, gli alti ufficiali di alto rango di una società devono avere atteggiamenti verticali, modi di parlare e comportamenti adeguati.

Un superiore in una organizzazione potrebbe parlare usando un linguaggio onorifico e agire con rispetto davanti ai suoi subalterni, ma, se uno dei suoi subordinati sta mostrando eccessivo rispetto, questo superiore potrebbe usare un linguaggio comune, non nelle forme onorifiche, al fine di mettere il suo subordinato a proprio agio. In questa situazione, non essendo troppo formale, farebbe si che il suo cuore si possa aprire. Ma per il sol fatto che il proprio superiore metta i subordinati a proprio agio, non significa che questi ultimi lo debbano guardare dall'alto in basso, contraddirlo o disobbedirlo.

Romani 15:2 dice: *"Ciascuno di noi compiaccia al prossimo, nel bene, a scopo di edificazione"*. Filippesi 4:8 dice: *"Quindi, fratelli, tutte le cose vere, tutte le cose onorevoli, tutte le cose giuste, tutte le cose pure, tutte le cose amabili, tutte le cose di buona fama, quelle in cui è qualche virtù e qualche lode, siano oggetto dei vostri pensieri"*. Allo stesso modo, coloro che sono virtuosi e generosi faranno tutto con rettitudine, facendo sentire le persone a proprio agio.

Di seguito, la mansuetudine mostra azioni di misericordia con un cuore grande.

Essi non solo aiutano coloro che sono nel bisogno finanziario, ma anche coloro che sono spiritualmente stanchi e deboli, confortandoli e mostrando loro la grazia. Ma anche se hanno la mansuetudine in loro, se questa mansuetudine rimane solo nel loro cuore, è difficile che questo sprigionerà quel profumo di Cristo.

Ad esempio, supponiamo che ci sia un credente che soffre di persecuzioni per la sua fede. Se i leader della Chiesa che gli sono intorno ne vengono a conoscenza, sentiranno compassione e pregheranno per lui. Questi sono i leader che sentono compassione solo nei loro cuori, mentre altri leader l'incoraggeranno personalmente dando conforto e aiuto nei fatti e nelle azioni, a seconda di quella che è la situazione reale. Lo rafforzeranno per aiutarlo a superare con la fede la difficoltà.

Quindi, la sola considerazione nel cuore e il mostrare i fatti concreti saranno due cose molto diverse per la persona che sta vivendo un problema. Quando la mansuetudine si mostra all'esterno come opera di generosità, può infondere grazia e vita negli altri. Pertanto, quando la Bibbia dice "Beati i mansueti, perché erediteranno la terra" (Matteo 5:5), si parla di qualcosa che ha un rapporto molto stretto con la fedeltà che si mostra come il risultato della generosità virtuosa. Ereditare la terra è una cosa legata alle ricompense celesti. Di solito, il ricevere ricompense celesti è in relazione con la fedeltà. Quando si riceve una targa di apprezzamento, una menzione d'onore o un premio per l'evangelizzazione della chiesa, questo è il risultato della tua fedeltà.

Allo stesso modo, i mansueti riceveranno benedizioni, ma non arriveranno dalla gentilezza del proprio cuore. Quando quel cuore gentile si esprime con azioni virtuose e generose, essi porteranno il frutto della fedeltà. Essi quindi ricevono ricompense come risultato. Vale a dire, quando si accettano e abbracciano molte anime con generosità, confortandoli e incoraggiarli e dando loro la vita, attraverso tali azioni si erediterà la terra in cielo.

Portare i frutti della mansuetudine

Ora, come possiamo portare il frutto della mansuetudine? In conclusione, dobbiamo coltivare il nostro cuore in un buon terreno.

Egli parlò loro di molte cose in parabole, dicendo: "Il seminatore uscì a seminare. Mentre seminava, una parte del seme cadde lungo la strada; gli uccelli vennero e la mangiarono. Un'altra cadde in luoghi rocciosi, dove non aveva molta terra; e subito spuntò, perché non aveva terreno profondo; ma, levatosi il sole, fu bruciata; e, non avendo radice, inaridì. Un'altra cadde tra le spine; e le spine crebbero e la soffocarono. Un'altra cadde nella buona terra e portò frutto, dando il cento, il sessanta, il trenta per uno" (Matteo 13:3-8).

In Matteo capitolo 13, il nostro cuore è paragonato a quattro diversi tipi di terreno. Esso può essere classificato come strada, campo roccioso, campo di spine, e buon terreno.

Il suolo del cuore che è paragonato al ciglio della strada che deve essere rotto dalla propria ipocrisia e dai propri schemi egocentrici.

La strada è calpestata da persone ed è dura, in modo che i semi non possano essere seminati in esso. I semi non possono attecchire e sono mangiati dagli uccelli. Coloro che hanno tali cuori hanno menti ostinate e non lo aprono alla verità, in modo che non possano incontrare Dio né possedere la fede.

I loro sistemi di conoscenza e di valori sono così fortemente fermi da non poter accogliere la Parola di Dio. Credono fortemente di avere ragione. Per consentire loro di abbattere la loro ipocrisia ed i loro schemi, devono prima demolire il male nel loro cuore. L'ipocrisia e i propri schemi mentali sono difficili da abbattere se si conserva l'orgoglio, l'arroganza, la testardaggine e la falsità. Tale malvagità farà sì che la persona abbia pensieri carnali che impediscono loro di credere alla Parola di Dio.

Per esempio, coloro che hanno accumulato falsità nella loro mente non potranno evitare di dubitare, anche se gli altri stanno dicendo la verità. Romani 8:7 dice, *"infatti ciò che brama la carne è inimicizia contro Dio, perché non è sottomesso alla legge di Dio e neppure può esserlo"*. Come scritto, non possono dire "Amen" alla Parola di Dio, né obbedire.

Alcune persone all'inizio sono molto testarde, ma una volta che ricevono la grazia ed i loro pensieri cambiano, diventano molto ferventi nella fede. Questo è il caso in cui hanno una mente molto dura all'esterno, ma un cuore morbido e delicato all'interno. Ma le persone paragonate alle strade sono diverse da queste persone. Il loro è il caso in cui anche il cuore interiore è duro. Un cuore indurito esteriormente ma morbido all'interno può essere paragonato ad una sottile lastra di ghiaccio, mentre il ciglio della strada può essere paragonato a una pozza d'acqua che è congelata fino in fondo.

Poiché il cuore simile al ciglio della strada è stato temprato con falsità e malvagità per lungo tempo, non è facile scomporlo in un breve periodo di tempo. Si deve continuare a rompere di nuovo e di nuovo ancora per coltivarlo. Ogni volta che la Parola di Dio non è in accordo con i loro pensieri, devono domandarsi se i loro pensieri sono propriamente corretti. Inoltre, essi devono memorizzare gli atti di bontà in modo che Dio possa dare loro la grazia.

A volte, alcune persone mi chiedono di pregare per loro in modo che possano avere fede. Certo, è un peccato che non possano avere fede anche dopo aver assistito alla potenza di Dio e ascoltato la Parola di Dio, ma questo è comunque già qualcosa. Nel caso di cuori come la strada, i loro familiari e i dirigenti della Chiesa devono pregare per loro e accompagnarli, ma è importante che anche loro partecipino facendo i loro sforzi. Poi, ad un certo punto, il seme della Parola inizierà a germogliare nei loro cuori.

Il cuore paragonato ad un campo roccioso deve liberarsi dell'amore per il mondo.

Se si semina in un campo di roccia, i semi germoglieranno, ma non possono crescere bene per colpa delle rocce. Allo stesso modo, coloro che hanno il cuore come un campo roccioso presto cadranno quando saranno sottoposti a prove, persecuzioni o tentazioni.

Quando ricevono la grazia di Dio, si sentono come se davvero vogliono provare a vivere secondo la Parola di Dio. Potrebbero anche sperimentare opere di fuoco dello Spirito Santo. Vale a dire, il seme della Parola è caduto sul loro cuore ed è saltato fuori. Tuttavia, anche dopo aver ricevuto questa grazia, hanno pensieri contrastanti che sorgono quando sono in procinto di andare in chiesa la Domenica successiva. Certamente hanno sperimentato lo Spirito Santo, ma cominciano a dubitare sentendolo come se fosse stato una specie di momento di eccitazione emotiva. Hanno pensieri che li rendono dubbiosi, e che fanno chiudere di nuovo la porta del loro cuore.

Per altri il conflitto potrebbe essere che non possono davvero lasciare il loro hobby o altri intrattenimenti a cui sono abituati, e quindi non rispettare il giorno del Signore. Se sono perseguitati dai loro familiari o dai loro capi al lavoro mentre conducono una vita piena di Spirito Santo nella fede, si fermano dal frequentare la chiesa. Ricevono tanta grazia e sembrano condurre una vita ardente di fede per qualche tempo, ma se hanno un problema con gli altri credenti nella chiesa, possono sentirsi offesi e presto lasciare la chiesa.

Allora, qual è la ragione per cui il seme della Parola non prende radice? È a causa delle "rocce" che hanno nel cuore. La carne del cuore è simbolicamente rappresentata dalle "rocce" e sono queste falsità che impediscono loro di obbedire alla Parola. Tra le tante cose non veritiere, queste sono quelle che sono così forti da non permettere al seme della Parola di radicarsi. Più in particolare, è la carne del cuore che ama questo mondo.

Se amano gli intrattenimenti mondani, è difficile per loro mantenere la parola solo dicendo loro, "Rispetta il giorno del Signore". Inoltre, coloro che hanno la roccia dell'avidità nel cuore non vengono in chiesa perché odiano dare la decima e fare offerte a Dio. Alcune persone hanno rocce di odio nei loro cuori, tali che la parola d'amore non può mettere radici.

Tra coloro che frequentano diligentemente la chiesa, ci sono alcuni che hanno il cuore come un campo roccioso. Ad esempio, anche se sono nati e cresciuti in famiglie cristiane e hanno imparato la Parola fin dall'infanzia, non vivono con la Parola. Hanno sperimentato lo Spirito Santo e, talvolta, hanno ricevuto troppa grazia, ma non abbandonano il loro amore per il mondo. Mentre ascoltano la Parola, pensano a se stessi ripetendo che non dovrebbero vivere come stanno vivendo ora, ma quando tornano a casa ritornano di nuovo al mondo. Vivono la loro vita a cavallo della recinzione con un piede dal lato di Dio e l'altro piede dal lato del mondo. A causa della Parola che hanno sentito non lasciano Dio, ma hanno ancora molti scogli nel loro cuore che ostacolano il radicarsi della Parola di Dio.

Alcuni campi rocciosi lo sono solo parzialmente. Ad esempio, alcune persone sono fedeli senza alcun cambiamento della mente e portano alcuni frutti, ma hanno l'odio nel cuore e sono in conflitto con gli altri in ogni materia. Danno giudizi e condannano, spezzando la pace nel mondo. Per questo motivo, dopo tanti anni, ancora non portano il frutto dell'amore o frutti di mansuetudine. Altri hanno un cuore gentile e buono. Sono attenti e pieni di comprensione per gli altri, ma non sono fedeli. Rompono facilmente le promesse e sono irresponsabili in molti aspetti. Quindi, devono migliorare le loro carenze, arando il loro cuore/campo trasformandolo in un buon terreno.

Ora, che cosa dobbiamo fare per arare un campo roccioso?

In primo luogo, dobbiamo seguire con diligenza la Parola. Per esempio, un credente cerca di svolgere le proprie funzioni in obbedienza alla Parola che ci dice di essere fedeli. Ma non è così facile come pensa.

Quando era solo un membro laico della chiesa, senza titolo o posizione, gli altri membri lo servivano. Ma ora nella sua posizione deve servire gli altri membri laici. Potrebbe essere difficile per lui e proverà rancore quando lavorerà con qualcuno che non sempre condivide le sue scelte. I suoi cattivi sentimenti come il risentimento ed il temperamento caldo vengono dal suo cuore. Perde gradualmente la pienezza dello Spirito, arrivando a pensare di smettere di compiere i propri doveri.

Quindi, questi cattivi sentimenti sono gli scogli che deve spazzare via dal suo cuore/campo. Questi cattivi sentimenti sono derivati dalla grande roccia chiamata "odio". Quando cerca di obbedire alla Parola "fedele", ora affronta la roccia chiamata "odio" e scopre che deve attaccare questo scoglio ed estrarlo. Solo allora può obbedire alla Parola che dice di amare e di avere la pace. Inoltre, non deve rinunciare solo perché è difficile, ma deve portare avanti i suoi compiti ancora più fermamente e soddisfare più appassionatamente. In questo modo può cambiare e diventare un lavoratore mansueto.

In secondo luogo, dobbiamo pregare intensamente durante la pratica della Parola di Dio. Quando la pioggia cade sul campo, questo diventerà umido e morbido; un buon momento per rimuovere le rocce. Allo stesso modo, quando preghiamo, saremo pieni dello Spirito, e il nostro cuore diventerà morbido. Quando siamo pieni di Spirito Santo per la preghiera, non dobbiamo perdere questa occasione ed eliminare rapidamente le rocce. Vale a dire, dobbiamo mettere subito le cose in pratica, quelle a cui non potevamo davvero obbedire prima. Mentre continuiamo a farlo ancora e ancora, anche le grandi rocce poste in profondità verranno mosse, sciolte e tirate fuori. Quando riceviamo la grazia e la forza che Dio ha dato dall'alto e riceviamo la pienezza dello Spirito Santo, possiamo gettare via i peccati e il male che non siamo stati in grado di abbandonare solo con la nostra forza di volontà.

Il campo di spine non porta frutto a causa delle preoccupazioni del mondo e l'inganno della ricchezza.

Se seminiamo i semi in luoghi spinosi, questi possono germogliare e crescere, ma a causa delle spine, non possono portare alcun frutto. Allo stesso modo, coloro che hanno il cuore come campi spinosi credono e cercano di praticare la Parola che viene data loro, ma non la possono mettere completamente in pratica. Questo perché hanno preoccupazioni terrene, sono ingannati dalla ricchezza, che è l'avidità per il denaro, la fama ed il potere. Per questi motivi, vivono di afflizioni e difficoltà.

Queste persone hanno preoccupazioni costanti relative a cose fisiche come le faccende di casa, le loro attività o il loro lavoro da svolgere l'indomani, anche quando vengono in chiesa. Pensano di ottenere conforto e nuova forza nel partecipare al servizio di chiesa, ma hanno solo turbamenti crescenti e preoccupazioni. Quindi, anche se passano tante domeniche in chiesa, non possono gustare la vera gioia e la pace di vivere la domenica santa. Se veramente tenessero alla domenica santa, le loro anime prospererebbero e riceverebbero benedizioni spirituali e materiali. Ma non sono in grado di ricevere tali benedizioni fino a quando non toglieranno le spine e praticheranno la Parola di Dio correttamente in modo che essi possano avere un buon cuore/suolo.

Ora, come si può arare il campo di spine?

Dobbiamo tirare fuori le spine dalla radice. Le spine simboleggiano i pensieri carnali. Le loro radici simboleggiano le cose maligne e carnali del cuore. Vale a dire, gli attributi maligni e carnali nel cuore sono le fonti di pensieri carnali. Anche se i rami che spuntano fuori dai cespugli spinosi sono stati appena tagliati, cresceranno ancora. Allo stesso modo, anche se noi forziamo la nostra mente a non avere pensieri carnali, non possiamo fermarli davvero finché abbiamo il male nel nostro cuore. Dobbiamo tirare fuori la carne del cuore dalla radice.

Tra le tante radici, se tiriamo fuori quelle chiamate avidità e arroganza, saremo in grado di liberare il nostro cuore dalla carne in misura significativa. Siamo inclini a essere vincolati dal mondo ed a preoccuparci di cose del mondo, perché abbiamo avidità per le cose carnali. Inoltre pensiamo sempre a ciò che è di per sé utile a noi stessi e seguiamo la nostra strada, anche se diciamo che stiamo vivendo nella Parola di Dio. Ma se abbiamo l'arroganza in noi non possiamo obbedire completamente ad entrambe le cose. Utilizziamo sapienza carnale ed i nostri pensieri carnali perché pensiamo di essere in grado di fare qualcosa. Pertanto, dobbiamo prima tirare fuori le radici chiamate avidità e arroganza.

Coltivare un buon terreno

Quando i semi sono seminati in un terreno buono, germogliano e crescono fino a portare frutti pari a 30, 60 o 100 volte di più. Coloro che hanno tali cuori come campi non hanno arroganza e schemi come quelli che hanno il cuore simile ad una strada. Non hanno alcuna roccia o spina, e, quindi, obbediscono alla Parola di Dio con il solo "Sì" e "Amen". In questo modo, essi possono portare frutti abbondanti.

Certo, quando si parla del cuore degli uomini è difficile fare una chiara distinzione tra il ciglio della strada, il campo roccioso, il campo spinoso e un buon terreno, come se lo stessimo analizzando con una qualche misura. Un cuore come una strada può contenere un certo terreno roccioso. Anche in un buon terreno possono entrare alcune falsità che sono come rocce nel processo di crescita. Ma non importa di che tipo di campo si tratta, perché siamo in grado di renderlo un buon terreno, se diligentemente aratro. Allo stesso modo, la cosa importante è come diligentemente lo stiamo arando piuttosto di che tipo di cuore/campo abbiamo.

Anche una terra molto arida può essere coltivata e diventare un campo di terra buona, se il contadino ara molto diligentemente. Allo stesso modo, i cuori intesi come campi degli uomini possono essere modificati dalla potenza di Dio. Anche i cuori induriti come il ciglio della strada possono essere arati con l'aiuto dello Spirito Santo.

Naturalmente, ricevere lo Spirito Santo non significa necessariamente che il nostro cuore cambi automaticamente. Ci deve essere anche un nostro sforzo. Dobbiamo cercare di pregare con fervore, provare a pensare solo nella verità in ogni cosa, e provare a praticare la verità. Non dobbiamo mollare dopo aver provato diverse settimane o anche mesi, ma dobbiamo continuare a provare.

Dio considera il nostro sforzo prima di donarci la sua grazia, il potere e l'aiuto dello Spirito Santo. Se teniamo a mente quello che dobbiamo cambiare e effettivamente cambiamo per la grazia e la potenza di Dio e con l'aiuto dello Spirito Santo, allora sicuramente saremo molto diversi dopo un anno. Diremo buone parole seguendo la verità, e i nostri pensieri cambieranno in buoni pensieri, che sono la verità.

Nella misura in cui ariamo il nostro cuore-campo come un buon terreno, altri frutti dello Spirito Santo ci verranno dati. In particolare, la mansuetudine è strettamente legata alla coltivazione del nostro cuore-campo. A meno che non abbandoniamo le cose non vere, come temperamento, odio, invidia, avidità, litigi, vanto e ipocrisia, non possiamo avere la mansuetudine, ed altre anime non troveranno riposo in noi.

Per questo motivo la dolcezza è più direttamente correlata con la santità di altri frutti dello Spirito Santo. Se coltiviamo la dolcezza spirituale, possiamo ricevere rapidamente tutto ciò che chiediamo nella preghiera, come terra buona che produce frutti. Saremo anche in grado di ascoltare la voce dello Spirito Santo in modo chiaro, in modo da essere guidati a strade prospere in ogni cosa.

Benedizioni per le persone gentili

Non è facile dirigere una società che ha centinaia di dipendenti. Anche se sei diventato il leader grazie ad una elezione, non è facile guidare l'intero gruppo. Per essere in grado di unire e guidare tante persone, si deve essere in grado di conquistare il cuore delle persone attraverso la mansuetudine spirituale.

Naturalmente, le persone possono seguire coloro che hanno il potere o coloro che sono ricchi e sembrano aiutare i bisognosi. Un detto coreano recita "Quando il cane di un ministro muore c'è una marea di persone in lutto, ma quando il ministro muore, non c'è lutto". Proprio come in questo detto, siamo in grado di scoprire se una persona ha veramente avuto qualità di generosità quando perde il potere e la ricchezza. Quando una persona è ricca e potente, la gente sembra seguirlo, ma è difficile trovare qualcuno che sta con una persona fino alla fine, anche se ha perso tutto il suo potere e la ricchezza.

Ma chi ha la virtù e la generosità è seguito da molte persone, anche se perde il suo potere e la ricchezza. Lo seguono non a scopo di lucro, ma per trovare riposo in lui.

Anche nella chiesa, alcuni leader dicono che è difficile perché non sono in grado di accettare e abbracciare anche solo una manciata di membri di un gruppo. Se vogliono avere un risveglio nel loro gruppo, devono prima coltivare un cuore gentile che deve essere morbido come il cotone. Quindi, i membri troveranno riposo nei loro capi, godendo la pace e la felicità, e così la rinascita seguirà automaticamente. Pastori e ministri devono essere molto mansueti ed essere in grado di accettare molte anime.

Ci sono benedizioni date ai miti. Matteo 5:5 dice: *"Beati i mansueti, perché erediteranno la terra"*. Come accennato in precedenza, ereditare la terra non significa che riceveremo terra qui in questo mondo. Significa che riceveremo terra in cielo nella misura in cui abbiamo coltivato la mansuetudine spirituale nel nostro cuore. Riceveremo una casa abbastanza grande in cielo in modo che possiamo invitare ogni anima che ha trovato riposo in noi.

Ottenere un così grande dimora in Paradiso significa inoltre che saremo in una posizione molto privilegiata. Anche se abbiamo un grosso pezzo di terra sulla Terra, non possiamo portarlo in Cielo. Ma la terra che noi riceviamo in cielo coltivando un cuore gentile sarà la nostra eredità che non scomparirà mai. Ci godremo la felicità eterna nella nostra dimora insieme con il Signore ed ai nostri cari.

Pertanto, spero che diligentemente ariate il vostro cuore per portare il bel frutto della mansuetudine, in modo da poter ricevere un grande pezzo di terra in eredità nel regno celeste, come quello di Mosè.

1 Corinzi 9:25

"Chiunque fa l'atleta è temperato in ogni cosa;

e quelli lo fanno per ricevere una corona corruttibile;

ma noi, per una incorruttibile".

Contro queste cose non c'è legge

Capitolo 10

Autocontrollo

L'autocontrollo è necessario in tutti gli aspetti della vita
Autocontrollo, essenziale per i figli di Dio
L'autocontrollo perfeziona i frutti dello Spirito Santo
Prova che il frutto dell'autocontrollo è stato portato
Se si desidera portare il frutto dell'autocontrollo

Autocontrollo

Una maratona è un gara di 42,195 km (26 miglia e 385 iarde). I corridori devono gestire bene il loro ritmo per arrivare al traguardo. Non è una gara a breve distanza che finisce in fretta, quindi non devono correre alla massima velocità in maniera casuale, ma devono tenere un ritmo molto costante durante l'intera corsa, e quando arrivano a un punto adeguato, potrebbero fare l'ultimo scatto di energia.

Lo stesso principio vale per le nostre vite. Dobbiamo essere costantemente fedeli fino alla fine della nostra gara di fede e vincere la lotta contro noi stessi per ottenere la vittoria. Inoltre, coloro che vogliono ricevere corone gloriose nel regno dei cieli devono essere in grado di esercitare l'autocontrollo in tutte le cose.

L'autocontrollo è necessario in tutti gli aspetti della vita

Possiamo notare che coloro che non hanno autocontrollo rendono complessa la vita e causano difficoltà a se stessi. Ad esempio, se i genitori danno troppo amore al loro figlio solo perché è l'unico figlio, è molto probabile che il bambino sarà rovinato. Oppure, coloro che sono dipendenti dal gioco d'azzardo o di altre forme di piacere, sanno che devono gestire e prendersi cura delle loro famiglie, le rovinano perché non possono controllare se stessi. Essi dicono: "Questa sarà l'ultima volta, non lo farò più", ma "l'ultima volta" si presenterà ancora ed ancora.

Nel famoso romanzo storico cinese *"Romanzo dei Tre Regni"*, Zhang Fei è pieno di affetto e coraggio ma è irascibile e aggressivo. Liu Bei e Guan Yu, che giurano fratellanza con lui, sono sempre preoccupati che potrebbe fa qualcosa di sbagliato in qualsiasi momento. Zhang Fei riceve molti consigli, ma non può realmente cambiare il suo carattere. Alla fine, a causa del suo temperamento caldo, picchia e flagella i suoi subordinati che non soddisfano le sue aspettative, e due uomini che si sentivano ingiustamente puniti, serbano rancori contro di lui, lo assassinano e si arrendono al campo nemico.

Allo stesso modo, coloro che non controllano il loro temperamento, feriscono i sentimenti di molte persone, nelle proprie case e sul posto di lavoro. Facilmente causano inimicizie tra essi e gli altri, e quindi non sono suscettibili di condurre una vita prospera. Ma coloro che sono saggi ammetteranno le proprie colpe e sopporteranno insieme agli altri anche in situazioni in cui vengono provocati. Anche se gli altri fanno grossi errori, controllano il loro temperamento e fondono i cuori degli altri con parole di conforto. Tali atti sono atti saggi che conquisteranno i cuori di molte persone e consentiranno alla loro vita di prosperare.

Autocontrollo, essenziale per i figli di Dio

Più in sostanza, noi, come figli di Dio, dobbiamo cercare l'autocontrollo al fine di gettare via i peccati. Meno autocontrollo abbiamo, più difficoltà proveremo per abbandonare i peccati. Quando ascoltiamo la Parola di Dio e riceviamo la grazia di Dio, siamo persuasi a cambiare noi stessi, ma possiamo ancora essere tentati dal mondo.

Possiamo vedere questo dalle parole che escono dalle nostre labbra. Molte persone pregano e dalle loro labbra tutto è santo e perfetto. Ma nella loro vita, si dimenticano per cosa hanno pregato, parlano come vogliono, seguendo le vecchie abitudini. Quando vedono accadere qualcosa che è difficile per loro da capire perché va contro quello che pensano o credono, si lamentano a tal proposito.

Possono pentirsene dopo aver reclamato, ma non si possono controllare quando le loro emozioni sono mosse. Inoltre, alcune persone parlano così tanto da non riuscire a fermarsi una volta che hanno iniziato. Non hanno il discernimento tra le parole di verità e menzogna, tra le cose che dovrebbero o non dovrebbero dire, in modo tale da non fare errori.

Possiamo capire quanto sia importante l'autocontrollo proprio analizzando l'aspetto del controllo delle nostre parole.

L'autocontrollo perfeziona i frutti dello Spirito Santo

Ma il frutto dell'autocontrollo, come uno dei frutti dello Spirito Santo, non si limita a fare riferimento al controllo di noi stessi dal commettere peccati. L'autocontrollo come uno dei frutti gli controlla altri frutti dello Spirito Santo in modo che possano diventare perfetti. Per questo motivo, il primo frutto dello Spirito è amore e l'ultimo è l'autocontrollo. L'autocontrollo è relativamente meno evidente di altri frutti, ma è molto importante. Esso controlla tutto così ci può essere stabilità, organizzazione e concretezza. È menzionato ultimo tra gli altri frutti dello Spirito perché tutti gli altri frutti possono essere perfezionati attraverso l'autocontrollo.

Ad esempio, anche se abbiamo il frutto della gioia, non la possiamo solo esprimere ovunque in qualsiasi momento. Quando le altre persone sono in lutto in un funerale, se avete un grande sorriso sul viso, cosa potrebbero pensare di voi? Non diranno che sei gentile perché stai portando il frutto della gioia. Anche se la gioia di ricevere la salvezza è così grande, abbiamo bisogno di controllarla in base alle situazioni. In questo modo possiamo far si che sia un vero frutto dello Spirito Santo.

È importante avere autocontrollo, inoltre, quando siamo fedeli a Dio. Soprattutto, se si hanno molti doveri, è necessario destinare il vostro tempo in modo appropriato in modo da poter essere dove è necessario al momento opportuno. Anche quando un particolare incontro è molto piacevole, è necessario terminarlo quando il tempo ad esso dedicato è finito. Allo stesso modo, per essere fedele in alla casa di Dio, abbiamo bisogno del frutto dell'autocontrollo.

È lo stesso con tutti gli altri frutti dello Spirito Santo, tra cui l'amore, la misericordia, la bontà, ecc. Quando i frutti che sono a carico del cuore sono mostrati nei fatti, dobbiamo seguire la guida e la voce dello Spirito Santo, per renderli nel modo più appropriato. Saremo in grado di dare la priorità al lavoro da svolgere prima rispetto a quello che può essere fatto in seguito. Saremo in grado di determinare se si deve fare un passo avanti o un passo indietro. Possiamo avere questo tipo di discernimento attraverso il frutto dell'autocontrollo.

Se qualcuno ha sostenuto tutti i frutti dello Spirito Santo, vuol dire che sta seguendo i desideri dello Spirito Santo in tutto. Al fine di seguire i desideri dello Spirito Santo e di agire nella perfezione, dobbiamo avere il frutto dell'autocontrollo. Ecco perché diciamo che tutti i frutti dello Spirito Santo sono completati attraverso questo frutto, l'ultimo frutto.

Prova che il frutto dell'autocontrollo è stato portato

Quando gli altri frutti dello Spirito Santo portati nel cuore sono mostrati, il frutto dell'autocontrollo diventa come un collegio arbitrale che dona armonia e ordine. Anche quando prendiamo qualcosa di buono nel Signore, prendere tutto il possibile non è sempre la miglior cosa. Diciamo che eccedere è peggio di essere carente. Anche nello spirito dobbiamo fare tutto con moderazione seguendo i desideri dello Spirito Santo.

Ora, permettetemi di spiegare come il frutto dell'autocontrollo può essere mostrato in dettaglio.

In primo luogo, si seguirà l'ordine o la gerarchia in tutte le cose.

Comprendendo la nostra posizione, ci sarà chiaro quando dobbiamo agire o meno e le parole che dovremmo o non dovremmo usare. Quindi, non ci sarà alcuna disputa, litigio o incomprensione. Inoltre, non faremo ciò che è inadeguato o cose che vanno al di là dei limiti della nostra posizione. Ad esempio, supponiamo che il leader di un gruppo missionario ha chiesto all'amministratore di fare un certo lavoro. Questo amministratore è pieno di passione, sente di avere una migliore idea, così cambia alcune cose a sua discrezione e termina il lavoro di conseguenza. Quindi, anche se ha lavorato con tanta passione, non ha rispettato l'ordine, cambiando le cose a causa della mancanza di autocontrollo.

Dio ci può tenere in alta considerare quando seguiamo gli ordini in base alle diverse posizioni in gruppi missionari della Chiesa, come il presidente, vice presidente, amministratore, segretario, tesoriere. I nostri leader potrebbero avere modi diversi dai nostri per fare qualcosa. Quindi, anche se i nostri modi sembrano migliori e sono suscettibili di produrre molti più frutti, in sostanza non porteremo frutti buoni se l'ordine e la pace sono rotti. Satana interviene sempre quando la pace è rotta, e l'opera di Dio sarà ostacolata. A meno che una certa cosa è del tutto falsa, dobbiamo pensare innanzitutto al gruppo, e obbedire e perseguire la pace secondo l'ordine in modo che tutto possa essere fatto meravigliosamente.

In secondo luogo, possiamo considerare i contenuti, i tempi, e la posizione anche quando facciamo qualcosa di buono.

Ad esempio, gridare piangendo in preghiera è qualcosa di positivo, ma se piangi ovunque, senza discrezione, questo può disonorare Dio. Inoltre, quando si predica il Vangelo o si visitano membri per offrire loro una guida spirituale, si dovrebbe avere il discernimento delle parole pronunciate. Anche se si ha conoscenza di certe cose spirituali profonde, non si possono semplicemente diffonderle a tutti. Se si esprime qualcosa che non soddisfa la misura della fede di chi ascolta, questo può portare quella persona ad inciampare o a dare un giudizio e poi condannare.

In alcuni casi, una persona potrebbe dare la sua testimonianza o trasmettere quello che ha capito spiritualmente a persone che sono impegnate con altre opere. Anche se il contenuto è molto buono, questo non può davvero edificarsi negli altri a meno che non venga trasmesso in una situazione adeguata. Anche se gli altri potrebbero ascoltarlo senza essere scortese con lui, non presteranno attenzione alla testimonianza se sono occupati e nervosi. Vi faccio un altro esempio. Quando un'intera parrocchia o un gruppo di persone ha un incontro con me per un consulto, e se una persona specifica continua a raccontare le sue testimonianze senza sosta, che cosa accadrebbe a quell'incontro? Quella persona sta dando gloria a Dio, perché è piena di grazia e di Spirito. Ma come risultato, questo individuo personalmente utilizza tutto il tempo a disposizione per l'intero gruppo. Ciò è dovuto alla mancanza di autocontrollo. Anche se si sta facendo qualcosa di molto buono, si dovrebbe considerare ogni situazione ed avere autocontrollo.

In terzo luogo, non dobbiamo essere impazienti o frettolosi, ma con la calma saremo in grado di reagire ad ogni situazione con discernimento.

Coloro che non hanno autocontrollo sono impazienti e mancano di considerazione per gli altri. Se si affrettano, hanno meno potere di discernimento e possono dimenticare alcune cose importanti. Frettolosamente giudicano e condannano, provocando disagio tra gli altri. Coloro che sono impazienti quando ascoltano o rispondono ad altri, fanno molti errori. Non dobbiamo spazientirci ed interrompere qualcun altro mentre sta parlando. Dovremmo ascoltare con attenzione fino alla fine in modo da poter evitare conclusioni affrettate. Inoltre, in questo modo siamo in grado di capire l'intenzione di questa persona e reagire di conseguenza.

Prima di ricevere lo Spirito Santo, Pietro aveva un carattere impaziente e impetuoso. Cercò disperatamente di controllare se stesso davanti a Gesù, ma anche così, a volte la sua personalità si rivelava. Quando Gesù disse a Pietro che lo avrebbe rinnegato prima della crocifissione, Pietro subito lo smentì, dicendo che non avrebbe mai rinnegato il Signore.

Se avesse avuto il frutto dell'autocontrollo, non sarebbe stato solo in disaccordo con Gesù, ma avrebbe cercato di trovare la risposta corretta. Se avesse saputo che Gesù era il Figlio di Dio, e che Lui non avrebbe mai detto una cosa senza senso, avrebbe dovuto tenere le parole di Gesù nella sua mente. In questo modo, sarebbe stato più prudente in modo tale che questo non sarebbe successo. Un corretto discernimento che ci permette di reagire in modo appropriato viene dall'autocontrollo.

Gli Ebrei avevano grande orgoglio in loro stessi. Erano così fieri che hanno mantenuto la legge di Dio in senso restrittivo. E poiché Gesù rimproverò farisei e sadducei, che erano i leader politici e religiosi, questi non potevano avere sentimenti positivi verso di lui. Soprattutto, quando Gesù disse che Egli era il Figlio di Dio, l'hanno ritenuto blasfemo. A quel tempo la festa delle Capanne era vicina. Intorno al tempo della raccolta istituirono le cabine per ricordare l'Esodo e per rendere grazie a Dio. La gente di solito andava a Gerusalemme per celebrare la festa.

Ma Gesù non aveva intenzione di andare Gerusalemme, anche

se la festa era vicina; i suoi discepoli lo invitarono ad andarci per mostrare i miracoli e per rivelare se stesso, in modo da ottenere l'appoggio da parte del popolo (Giovanni 7:3-5). Dissero: *"Poiché nessuno agisce in segreto quando cerca di essere riconosciuto pubblicamente"* (v. 4). Anche se qualcosa può sembrare sensata, non ha alcuna relazione con Dio se non è in accordo con la Sua volontà. A causa dei loro pensieri, anche i discepoli di Gesù pensarono che non era una cosa giusta l'aver visto Gesù attendere per il suo tempo in silenzio.

Se Gesù non avesse avuto autocontrollo, sarebbe andato immediatamente a Gerusalemme per rivelarsi. Ma non fu scosso dalle parole dei suoi fratelli. Attese solo il momento giusto e la provvidenza di Dio per rivelarsi. E allora Lui salì a Gerusalemme tranquillamente inosservato dalla gente dopo che tutti i discepoli vi furono andati. Egli ha agito per volontà di Dio, sapendo esattamente quando andare e quanto stare.

Se si desidera portare il frutto dell'autocontrollo

Quando si parla con gli altri, molte volte le loro parole ed il loro cuore interiore sono due cose diverse. Alcuni tentano di rivelare i difetti degli altri, al fine di coprire le proprie colpe. Possono chiedere qualcosa per soddisfare la loro avidità, ma chiedono come se si trattasse di una richiesta di qualcun altro. Sembrano fare una domanda per capire la volontà di Dio, ma di fatto, stanno cercando di tirare fuori la risposta che vogliono. Ma se si parla con loro con tranquillità, potremo notare che il loro cuore finalmente si rivela.

Coloro che hanno autocontrollo non saranno tanto facilmente scossi dalle parole degli altri. Possono tranquillamente ascoltare gli altri e discernere la verità delle opere dello Spirito Santo. Se discernono con autocontrollo e rispondono, possono ridurre al minimo gli errori causati da decisioni sbagliate. In questo senso, avranno l'autorità e daranno peso alle loro parole, così che le stesse avranno un impatto pesante sugli altri. Ora, come possiamo portare questo importante frutto dell'autocontrollo?

In primo luogo, dobbiamo avere il cuore immutabile.

Dobbiamo coltivare un cuore sincero che non ha alcuna falsità o astuzia. A questo punto, possiamo avere il potere di fare ciò che decidiamo di fare. Naturalmente, non possiamo coltivare questo tipo di cuore durante la notte. Dobbiamo continuare a formare noi stessi, a cominciare dal mantenere i nostri cuori nelle piccole cose.

Si narra di un certo maestro che un giorno, insieme ai suoi allievi, stava attraversando un mercato. Alcuni commercianti ebbero con loro dei malintesi, tali da farli iniziare una discussione. I discepoli erano infuriati e si inserirono nelle discussioni mentre il maestro mantenne la calma. Al ritorno dal mercato, il maestro tirò fuori dall'armadio un fascio di lettere. Le lettere che mostrò ai suoi allievi, contenevano contenuti che lo criticavano senza motivo.

Poi disse: "Non posso evitare di essere frainteso. Ma non mi importa di essere frainteso da persone. Non posso evitare che il primo sudiciume mi investa, ma posso comunque evitare la follia di farmi investire da altro sudiciume".

Qui, il primo sudiciume è quello di diventare un oggetto di

pettegolezzi di altre persone. Il secondo sudiciume è quello di avere sentimenti di disagio e di entrare in discussioni e litigi a causa di tali pettegolezzi.

Se siamo in grado di avere un cuore che è come quello di questo maestro, non saremo scossi in qualsiasi situazione ci troviamo. Piuttosto saremo in grado di controllare i nostri cuori, e le nostre vite saranno in pace. Coloro che possono controllare il loro cuore si possono controllare in ogni cosa. Nella misura in cui abbiamo gettato via ogni sorta di male come l'odio, l'invidia e la gelosia, saremo amati e creduti da Dio.

Le cose che i miei genitori mi hanno insegnato durante la mia infanzia mi hanno aiutato molto nel mio ministerio pastorale. Mentre mi sono stati insegnati i modi adeguati di parlare, le buone maniere, la giusta andatura, ho anche imparato a controllare il mio cuore ed a controllare me stesso. Una volta riconciliati con le nostre menti, dobbiamo mantenere questa condizione e non cambiarla, seguendo i nostri personali vantaggi. Più accumuliamo tali sforzi, più facilmente avremo un cuore immutabile ed il potere dell'autocontrollo.

Successivamente, dobbiamo allenarci per ascoltare i desideri dello Spirito Santo, non considerando prima la nostra opinione.

Nella misura in cui si apprende la Parola di Dio, lo Spirito Santo ci fa sentire la sua voce attraverso la Parola che abbiamo imparato. Anche se siamo ingiustamente accusati, lo Spirito Santo ci dice di perdonare e amare. Possiamo pensare, "Questa persona deve avere un motivo per fare quello che sta facendo. Cercherò di lasciare che la sua incomprensione sparisca ragionandoci in modo amichevole", ma se il nostro cuore è pieno di falsità, innanzitutto sentirà la voce di Satana. "Se lo lascio da solo, egli continuerà a cercarmi. Io gli devo insegnare una lezione". Anche se riuscissimo ad ascoltare la voce dello Spirito Santo, non resterà dentro di noi perché è troppo debole rispetto ai cattivi pensieri che ci opprimono.

Pertanto, saremo in grado di ascoltare la voce dello Spirito Santo, quando avremo diligentemente gettato via le falsità che sono nel nostro cuore, facendo posto alla Parola di Dio. Saremo in grado di sentire sempre più la voce dello Spirito Santo, quanto più obbediamo anche alla flebile voce dello Spirito. Dobbiamo prima cercare di ascoltare la voce dello Spirito Santo, piuttosto che ascoltare ciò che pensiamo sia più urgente e ciò che pensiamo sia buono. Quindi, quando sentiamo la sua voce e riceviamo la sua spinta, dobbiamo obbedire e metterla in pratica. Più ci prepariamo a prestare attenzione e rispettare i desideri dello Spirito Santo in ogni momento, più saremo in grado di sentire anche una sua voce molto debole e quindi saremo in grado di avere armonia in ogni cosa.

In un certo senso, potrebbe sembrare che l'autocontrollo sia il carattere con il minimo rilievo tra tutti i nove frutti dello Spirito Santo. Tuttavia, è necessario in tutte le aree degli altri frutti. È l'autocontrollo che regola gli altri otto frutti dello Spirito Santo: amore, gioia, pace, pazienza, benevolenza, bontà, fedeltà, e mansuetudine. Inoltre, tutti gli altri otto frutti saranno davvero completi solo con il frutto dell'autocontrollo, e per questo motivo proprio l'ultimo frutto, è importante.

Ognuno di questi frutti dello Spirito Santo è più prezioso e più bello di qualsiasi preziosa gemma di questo mondo. Se portiamo i frutti dello Spirito Santo, possiamo ricevere tutto quello che chiediamo nella preghiera e prosperare in ogni cosa. Possiamo anche rivelare la gloria di Dio manifestando il potere e l'autorità della Luce in questo mondo. Spero che desidererete ardentemente ed entrerete in possesso dei frutti dello Spirito Santo più di ogni altro tesoro di questo mondo.

Galati 5:22-233

"Il frutto dello Spirito invece è amore,

gioia, pace, pazienza, benevolenza, bontà,

fedeltà, mansuetudine, autocontrollo;

contro queste cose non c'è legge".

Contro queste cose non c'è legge

Capitolo 11

Contro queste cose non c'è legge

Per voi sono stati chiamati alla libertà
Camminate secondo lo Spirito
Il primo dei nove frutti è amore
Contro queste cose non c'è legge

Contro queste cose non c'è legge

L'apostolo Paolo era un Ebreo nato da ebrei, e stava andando a Damasco per arrestare i cristiani. Sulla sua strada, però, ha incontrato il Signore e si pentì. Al momento non si rendeva conto della verità del Vangelo in cui si è salvato per mezzo della fede in Gesù Cristo, ma dopo aver ricevuto il dono dello Spirito Santo è andato a portare l'evangelizzazione ai Gentili guidato dallo Spirito Santo.

I nove frutti dello Spirito Santo sono registrati nel capitolo 5 del libro di Galati, che è una delle sue epistole. Se comprendiamo le situazioni di quel tempo, siamo in grado di capire il motivo per cui Paolo scrive Galati e quanto sia importante per i cristiani portare i frutti dello Spirito.

Per voi sono stati chiamati alla libertà

Nel suo primo viaggio missionario Paolo andò a Galazia. Nella sinagoga, non predicò la Legge di Mosè e la circoncisione, ma solo il Vangelo di Gesù Cristo. Le sue parole sono state confermate dai segni che seguirono, e molte persone sono venute alla salvezza. I credenti nella chiesa della Galazia lo amavano così tanto che, se possibile, si sarebbero strappati gli occhi per darglieli.

Quando Paolo terminò il suo primo viaggio missionario e tornò ad Antiochia, nella chiesa sorse un problema. Alcune persone vennero dalla Giudea per insegnare ai Gentili che se volevano ricevere la salvezza, dovevano farsi circoncidere. Paolo e Barnaba erano in disaccordo e discussero con loro.

I fratelli decisero che Paolo e Barnaba e alcuni altri salissero a Gerusalemme dagli apostoli e dagli anziani per tale questione.

Sentirono il bisogno di giungere a una conclusione riguardo la Legge di Mosè, mentre predicavano il Vangelo ai Gentili sia nella chiesa di Antiochia sia in quella di Galazia.

Atti capitolo 15 descrive la situazione prima e dopo il Concilio di Gerusalemme, e da esso si può dedurre quanto fosse grave la situazione a quel tempo. Gli apostoli, che furono i discepoli di Gesù, gli anziani e rappresentanti ecclesiali, si riunirono ed ebbero accese discussioni e conclusero che i Gentili dovevano astenersi dalle cose contaminate dagli idoli, dalla fornicazione, dagli animali soffocati e dal sangue.

Mandarono alcuni uomini ad Antiochia con il compito di consegnare la lettera ufficiale con la conclusione del Consiglio, dal momento che Antiochia era il luogo centrale di evangelizzazione dei Gentili. Diedero una certa libertà ai Gentili nel mantenere la legge di Mosè, perché sarebbe stato molto difficile per loro mantenerla proprio perché non ebrei. In questo modo, qualsiasi Gentile poteva ricevere salvezza credendo in Gesù Cristo.

Atti 15:28-29 dice: *"Infatti è parso bene allo Spirito Santo e a noi di non imporvi altro peso all'infuori di queste cose, che sono necessarie: astenervi dalle carni sacrificate agli idoli, dal sangue, dagli animali soffocati e dalla fornicazione; da queste cose farete bene a guardarvi. State sani"*.

La conclusione del Concilio di Gerusalemme fu consegnata alle chiese, ma chi non ha capito la verità del Vangelo e la via della croce continuò ad insegnare nelle chiese che i credenti avrebbero dovuto continuare ad osservare la Legge di Mosè. Alcuni falsi profeti entrarono nella chiesa e agitarono i credenti, criticando l'apostolo Paolo dicendo che non insegnava la Legge.

Quando un incidente del genere ebbe luogo nella chiesa della Galazia, l'apostolo Paolo spiegò circa la vera libertà dei cristiani nella sua lettera. Dicendo che aveva osservato la Legge di Mosè molto strettamente, ma diventando un apostolo per i gentili dopo l'incontro con il Signore, ha insegnato loro la verità del Vangelo dicendo: *"Questo soltanto desidero sapere da voi: avete ricevuto lo Spirito per mezzo delle opere della legge o mediante la predicazione della fede? Siete così insensati? Dopo aver cominciato con lo Spirito, volete ora raggiungere la perfezione con la carne? Avete sofferto tante cose invano? Se pure è proprio invano. Colui dunque che vi somministra lo Spirito e opera miracoli tra di voi, lo fa per mezzo delle opere della legge o con la predicazione della fede?"* (Galati 3:2-5).

Egli ha affermato che il Vangelo di Gesù Cristo che ha insegnato, è vero perché era rivelazione da Dio, e il motivo per cui il Gentile non ha dovuto circoncidere il suo corpo era perché la cosa importante era di aver circonciso il suo cuore. Ha insegnato loro anche a riguardo dei desideri della carne e quelli dello Spirito Santo, e delle opere della carne e dei frutti dello Spirito Santo. Tutto ciò anche per far capire loro come avrebbero dovuto usare la loro libertà guadagnata dalla verità del Vangelo.

Camminate secondo lo Spirito

Allora, qual è la ragione per cui Dio diede la Legge di Mosè? Perché la gente era malvagia e non riusciva a riconoscere i peccati in quanto tali. Dio ha permesso loro di comprenderli e risolverli per raggiungere la giustizia di Dio. Ma il problema dei peccati non può essere completamente risolto con le opere della Legge, e per questo motivo, Dio ha permesso che le persone raggiungessero la sua giustizia mediante la fede in Gesù Cristo. Galati 3:13-14 dice: *"Cristo ci ha riscattati dalla maledizione della legge, essendo diventato maledizione per noi poiché sta scritto: 'Maledetto chi pende dal legno' perché in Cristo Gesù la benedizione di Abramo potrebbe venire ai pagani, in modo che avremmo ricevuto la promessa dello Spirito mediante la fede".*

Ma non significa che la legge è stata abolita. Gesù disse in Matteo 5:17, *"Non pensate che io sia venuto per abolire la legge o i profeti; io sono venuto non per abolire, ma per portare a compimento".* e nel versetto 20 dove dice: *"Poiché io vi dico che, se la vostra giustizia non supera quella degli scribi e dei farisei, non entrerete affatto nel regno dei cieli".*

L'apostolo Paolo dice ai credenti nella chiesa dei Galati, *"Figli miei, per i quali sono di nuovo in doglie finché Cristo sia formato in voi"* (Galati 4:19), e in conclusione ha consigliato loro dicendo: *"Perché, fratelli, voi siete stati chiamati a libertà; soltanto non fate della libertà un'occasione per vivere secondo la carne, ma per mezzo dell'amore servite gli uni agli altri; poiché tutta la legge è adempiuta in quest'unica parola: 'Ama il tuo prossimo come te stesso'. Ma se vi mordete e divorate gli uni gli altri, guardate di non essere consumati gli uni dagli altri"* (Galati 5:13-15).

Come figli di Dio che hanno ricevuto lo Spirito Santo, che cosa dobbiamo fare per servire l'un l'altro attraverso l'amore fino a quando non sia formato Cristo in noi? Dobbiamo camminare secondo lo Spirito Santo, in modo da non desiderare la carne.

Possiamo amare i nostri vicini e avere la forma di Cristo in noi se portiamo i nove frutti dello Spirito Santo attraverso la Sua guida.

Gesù Cristo ricevette la maledizione della legge ed è morto sulla croce anche se innocente, e per mezzo di lui abbiamo guadagnato la libertà. Per permetterci di non diventare schiavi del peccato ancora una volta, dobbiamo portare i frutti dello Spirito.

Se pecchiamo di nuovo con questa libertà e crocifiggiamo il Signore di nuovo commettendo le opere della carne, noi non conquisteremo il regno di Dio. Al contrario, se portiamo il frutto dello Spirito camminando nello Spirito, Dio ci proteggerà in modo che il diavolo non ci danneggi. Inoltre, riceveremo qualunque cosa chiediamo nella preghiera.

"Carissimi, se il nostro cuore non ci condanna, abbiamo fiducia davanti a Dio; e qualunque cosa chiediamo la riceviamo da lui, perché osserviamo i suoi comandamenti e facciamo ciò che gli è gradito. Questo è il suo comandamento: che crediamo nel nome del Figlio suo, Gesù Cristo, e ci amiamo gli uni gli altri secondo il comandamento che ci ha dato" (1 Giovanni 3:21-23).

"Noi sappiamo che chiunque è nato da Dio non persiste nel peccare; ma colui che nacque da Dio lo protegge, e il maligno non lo tocca" (1 Giovanni 5:18).

Siamo in grado di portare i frutti dello Spirito e godere la vera libertà, come cristiani, solo quando abbiamo la fede per camminare nello Spirito e la fede che opera per mezzo della carità.

Il primo dei nove frutti è amore

Il primo frutto di nove frutti dello Spirito è amore. L'amore come in 1 Corinzi 13 significa coltivare l'amore spirituale mentre l'amore come uno dei frutti dello Spirito Santo è a un livello superiore; è l'amore senza limiti e senza fine, che compie la Legge. È l'amore di Dio e di Gesù Cristo. Se abbiamo questo amore, possiamo sacrificarci completamente con l'aiuto dello Spirito Santo.

Siamo in grado di portare il frutto della gioia nella misura in cui coltiviamo questo amore, in modo che possiamo rallegrarci ed esultare in ogni circostanza. In questo modo, non avremo alcun problema con nessuno e quindi porteremo il frutto della pace.

Mentre manteniamo la pace con Dio con noi stessi e con tutti gli altri, si dovrà naturalmente portare il frutto della pazienza. Il tipo di pazienza che Dio vuole è che noi non dobbiamo sopportare qualsiasi cosa solo perché abbiamo ogni bontà e verità in noi. Se possediamo il vero amore, possiamo capire e accettare qualsiasi tipo di persona senza avere alcun rancore. Pertanto, non dovremmo perdonare o sopportare nel nostro cuore.

Quando siamo pazienti con gli altri in bontà, noi portiamo il frutto della bontà. Se nella bontà siamo pazienti anche con quelle persone che non possiamo capire, allora possiamo mostrare mansuetudine verso di loro. Anche se fanno cose che sono completamente fuori norma, capiremo le loro prese di posizione e li accetteremo.

Coloro che portano il frutto della mansuetudine avranno anche la bontà. Essi prenderanno in considerazione gli altri prima di se stessi e faranno gli interessi degli altri prima dei propri. Non discutono con nessuno, e non alzano la voce. Avranno il cuore del Signore e non frantumeranno la canna rotta e non metteranno fuori una persona come un lucignolo fumante. Chi porta tale frutto di bontà, non insisterà sulle proprie opinioni e sarà gentile e fedele all'intera casa del Signore.

Coloro che sono gentili non diventeranno ostacolo per nessuno, e saranno in pace con tutti. Avranno un cuore generoso tale da non giudicare e condannare, ma solo capire e accettare gli altri.

Al fine di portare in armonia i frutti dell'amore, della gioia, della pace, della pazienza, della benevolenza, della bontà, della fedeltà, della mansuetudine, bisogna avere autocontrollo. L'abbondanza in Dio è una cosa buona, ma le opere di Dio devono essere realizzate seguendo un ordine. Abbiamo bisogno di autocontrollo per non esagerare mai, anche se si tratta di qualcosa di buono. Seguendo la volontà dello Spirito Santo in questo modo, Dio farà in modo tale che tutti lavoreranno insieme per il bene.

Contro queste cose non c'è legge

Il Consolatore, lo Spirito Santo, guida i figli di Dio verso la verità in modo che possano godere la vera libertà e la vera felicità. La vera libertà è la salvezza dai peccati e dal potere di Satana che cerca di impedirci di servire Dio e di godere di una vita felice. È anche la felicità acquisita avendo comunione con Dio.

Come è scritto in Romani 8:2, *"perché la legge dello Spirito della vita in Cristo Gesù mi ha liberato dalla legge del peccato e della morte",* è la libertà che può essere acquisita solo quando crediamo in Gesù Cristo nel nostro cuore e camminiamo nella luce. Questa libertà non può essere raggiunta con la forza umana. Non può mai essere acquisita senza la grazia di Dio, ed è una benedizione che possiamo godere continuamente finché manteniamo la nostra fede.

Gesù disse anche in Giovanni 8:32, *"conoscerete la verità e la verità vi farà liberi"*. La libertà è la verità, ed è immutabile. Diventa la vita per noi e ci conduce alla vita eterna. Non c'è verità in questo mondo morente e mutevole; solo la Parola immutabile di Dio è la verità. Conoscere la verità è imparare la Parola di Dio, tenerla a mente e metterla in pratica.

Ma potrebbe non essere sempre facile metterla in pratica. La gente possiede le falsità che ha imparato prima di venire a conoscenza di Dio, e tali falsità impediscono loro di praticare la verità. La legge di carne che vuole seguire la menzogna e la legge dello Spirito della vita che desidera seguire la verità sarà la guerra degli uni contro gli altri (Galati 5:17). Questa è una guerra per ottenere la libertà della verità che andrà avanti fino a quando la nostra fede sarà ferma mentre ci troviamo sulla roccia della fede, che non viene mai scossa.

Mentre siamo sulla roccia della fede, sarà per noi più facile combattere una buona battaglia. Quando gettiamo via ogni male e diventiamo santificati, saremo finalmente in grado di godere della libertà nella verità. Non dovremo più combattere la giusta battaglia perché ci sarà solo da praticare la verità in eterno. Se portiamo i frutti dello Spirito Santo come la Sua guida, nessuno potrà impedirci di avere la libertà della verità.

Ecco perché Galati 5:18 dice: *"Ma se siete guidati dallo Spirito, non siete sotto la legge"*, e nei versetti 22 e 23 che seguono, si legge: *"Il frutto dello Spirito invece è amore, gioia, pace, pazienza, benevolenza, bontà, fedeltà, mansuetudine, autocontrollo; contro queste cose non c'è legge".*

Il messaggio sui nove frutti dello Spirito Santo è come la chiave per aprire il cancello delle benedizioni. Ma solo perché abbiamo la chiave di questa porta non significa che si aprirà da sola. Dobbiamo inserire la chiave nella serratura e aprirla, e lo stesso vale per la Parola di Dio. Non importa quanto la sentiamo, perché non è ancora nostra. Saremo in grado di ricevere le benedizioni contenute nella Parola di Dio solo quando l'abbiamo messo in pratica.

Matteo 7:21 dice: *"Non chiunque mi dice: 'Signore, Signore!' entrerà nel regno dei cieli, ma chi fa la volontà del Padre mio che è nei cieli".* Dice Giacomo 1:25, *"Ma chi guarda attentamente nella legge perfetta, cioè nella legge della libertà, e in essa persevera, non sarà un ascoltatore smemorato, ma uno che la mette in pratica; egli sarà felice nel suo operare".*

Per permetterci di ricevere l'amore e la benedizione di Dio, è importante capire che cosa sono i frutti dello Spirito Santo, tenerli nella nostra mente, e realmente produrre quei frutti praticando la Parola di Dio. Se portiamo i frutti dello Spirito Santo completamente, praticando pienamente la verità, potremo godere la vera libertà nella verità. Faremo sentire chiaramente la voce dello Spirito Santo e saremo guidati in tutte le nostre azioni, in modo che possiamo prosperare ovunque. Prego nel nome del Signore, che godiate di un grande onore sia su questa terra sia nella Nuova Gerusalemme, la nostra destinazione finale di fede.

L'Autore:
Dott. Jaerock Lee

Il Dott. Lee è nato nel 1943, a Muan, in provincia di Jeonnam, nella Repubblica della Corea. Intorno ai vent'anni iniziò a soffrire di varie malattie incurabili. Dopo sette anni di sofferenza e senza alcuna speranza di guarigione, non gli restava che aspettare la morte. Un giorno, nella primavera del 1974, fu condotto in una chiesa da sua sorella e come si inginocchiò per pregare, l'Iddio vivente lo guarì immediatamente da tutte le sue malattie.

Dall'istante in cui ha incontrato l'Iddio vivente attraverso quell'esperienza meravigliosa, lo ha amato con tutto il suo cuore e tutta la sincerità di cui era capace. Nel 1978 fu chiamato ad essere un servitore di Dio. Seguì un periodo di preghiera profonda in modo da comprendere e compiere chiaramente la Sua volontà. Nel 1982, ha fondato la Chiesa Centrale del Ministerio Manmin in Seoul, Sud Corea e compiuto innumerevoli opere per mano di Dio, incluse guarigioni miracolose e molti miracoli.

Nel 1986, Il Dott. Lee è stato ordinato pastore durante la Riunione Annuale della Jesus' Sungkyul Church of Korea, e quattro anni più tardi nel 1990, i suoi sermoni cominciarono ad essere trasmessi in onda dalla Far East Broadcasting Company, dalla Asia Broadcast Station, and the Washington Christian Radio System fino in Australia, Russia, Filippine e molte altre nazioni.

Tre anni più tardi nel 1993, la Manmin Central Church è stata nominata tra le "50 Chiese più grandi del mondo" dal periodico cristiano "Christian World Magazine" (Stati Uniti). Inoltre, il dott. Lee ha ricevuto un Dottorato Onorario presso l'università cristiana, "Christian Faith College", Florida, Stati Uniti e nel 1996 un Dottorato Ministeriale presso l'università teologica "Kingsway Theological Seminary", Iowa, Stati Uniti.

Dal 1993 il dott. Lee ha intrapreso la direzione di una visione missionaria mondiale esplicitandola attraverso crociate all'estero, di cui alcune svoltesi in Tanzania, Argentina, LA, Baltimore City, Hawaii e New York City degli Stati Uniti, Uganda, Giappone, Pakistan, Kenya, Filippine, Honduras, India, Russia, Germania, Perù, Repubblica Democratica del Congo, Israele e in Estonia.

Nel 2002 molte riviste e giornali cristiani in Corea lo hanno definito "pastore mondiale" in riferimento al suo lavoro missionario all'estero. In particolare ha riscosso particolare clamore la sua "crociata di New York", svoltasi nel 2006 presso il Madison Square Garden, la più famosa arena del mondo. L'evento è stato trasmesso a 220 nazioni. Poi, durante la storica Crociata Evangelistica in Israele, che si è tenuta presso il Centro Congressi Internazionale (ICC) a Gerusalemme ha coraggiosamente proclamato che Gesù Cristo è il Messia e Salvatore.

I suoi sermoni sono trasmessi a 176 nazioni attraverso canali satellitari, tra cui la GCN TV. Nel 2009 è stato indicato come uno dei "Top 10 leader cristiani più influenti", e, nel 2010 la rivista cristiana russa "Nella Vittoria" e l'agenzia di stampa Christian Telegraph lo hanno premiato per i potenti messaggi TV all'estero sia come pastore di una grande chiesa.

A partire da luglio 2016, la Manmin Central Church ha una congregazione di oltre 120.000 membri, con oltre 10.000 chiese affiliate in tutto il mondo, tra cui 56 domestiche, e più di 123 missionari presenti in 23 paesi, tra cui Stati Uniti, Russia, Germania, Canada, Giappone, Cina, Francia, India, Kenya e altri.

Fino a questo momento Il Dott. Lee ha scritto 92 libri, inclusi i bestseller: *Gustare la Vita Eterna prima della Morte, La Mia Vita, La Mia Fede, Il Messaggio della Croce, La Misura della Fede, Cielo I e II, Inferno,* e *La potenza di Dio,* tradotti in più di 76 lingue.

I suoi articoli sono presenti su diversi periodici e riveiste cristiane, come *Hankook Ilbo,* il *JoongAng Daily,* il *Chosun Ilbo,* il *Dong-A Ilbo,* il *Munhwa Ilbo,* il *Seoul Shinmun,* The *Kyunghyang Shinmun,* The *Korea Economic Daily,* The *Korea Herald,* The *Shisa notizie,* e la *Press Christian.*

Il Dott. Lee è attualmente fondatore e presidente di un notevole numero di organizzazioni missionarie, oltre ad essere il presidente della chiesa "United Holiness Church of Korea", del quotidiano "Nation Evangelization Paper", delle missioni mondiali Manmin, fondatore e presidente della "Manmin TV", del "GCN", network coreano di televisioni cristiane, del "WCDN" il primo network mondiale di medici e dottori cristiani e del "MIS" il seminario internazionale del ministerio Manmin.

Altri autorevoli libri dello stesso autore:

Cielo I e II

Uno schema dettagliato dell'ambiente meraviglioso che i cittadini del cielo godranno immersi nella gloria di Dio, la Nuova Gerusalemme e il regno dei cieli.

Il Messaggio della Croce

Un messaggio potente e rinvigorente per tutti quelli che sono spiritualmente sonnecchianti. In queste pagine troverete l'amore vero di Dio e le ragioni per cui Gesù è l'unico Salvatore.

Inferno

Un accorato messaggio divino a tutto il genere umano. Dio desidera che ogni anima sia salvata e non precipiti all'inferno! Questo libro svela dettagli e racconti sulle crudeltà dell'inferno come mai sono stati narrati prima.

La Potenza di Dio

Una guida essenziale per il credente su come possedere la vera fede e sperimentare la potenza mirabile di Dio.

Spirito, Anima e Corpo I e II

Gli uomini sono stati creati a immagine di Dio, e senza Dio, non possono vivere. Otterremo le risposte alla domanda sull'origine dell'uomo solo quando sapremo chi è Dio.

Risvegliati Israele!

Perché Dio ha mantenuto i suoi occhi su Israele dal principio del mondo fino ad oggi? Che tipo di Sua provvidenza è stato preparato per Israele negli ultimi giorni, che attendono il Messia?

La Mia Vita, La Mia Fede I e II

L'autobiografia del Dott. Jaerock Lee. Un aroma spirituale fragrante per il lettore, che, attraverso la vita del pastore Lee, testimonierà dell'amore di Dio che ha rotto il giogo della disperazione più profonda.

La Misura della Fede

Quale regno, quale corona e quale ricompensa sono state preparate per voi in cielo? Questo libro provvede, con sapienza e rivelazione, una guida alla comprensione del concetto di "misura di fede" per maturare nella tua fede.

www.urimbooks.com

www.ingramcontent.com/pod-product-compliance
Lightning Source LLC
LaVergne TN
LVHW041805060526
838201LV00046B/1134